"十四五"应用型本科院校系列教材/经济管理类

Comprehensive Training of Accounting Position

会计岗位综合实训

（第3版）

主　编　于晓菲　赵　君
副主编　吴国辉　李宏卓

哈尔滨工业大学出版社
HARBIN INSTITUTE OF TECHNOLOGY PRESS

内 容 简 介

本书是以企业会计准则和相关法律、法规为基础，针对企业会计基本工作岗位设计的实训教材。全书共分十章，分别对出纳、材料会计、固定资产会计、往来结算会计、职工薪酬会计、成本核算会计、财务成果核算会计、资本金核算会计、税务会计、总账报表会计等岗位的基本职责和业务流程进行了介绍，并对学生提出了明确的实训目的与要求，重点训练学生填制原始凭证、编制记账凭证以及登记账簿的能力。

本书可作为高等院校会计学专业和财务管理专业的实训教材，也可作为相关从业人员的培训教材。

图书在版编目（CIP）数据

会计岗位综合实训/于晓菲，赵君主编. —3 版. —哈尔滨：哈尔滨工业大学出版社，2020.8（2024.8 重印）
ISBN 978-7-5603-7526-7

Ⅰ．①会… Ⅱ．①于… ②赵… Ⅲ．①会计学—高等学校—教材 Ⅳ．①F230

中国版本图书馆 CIP 数据核字（2018）第 162660 号

策划编辑　杜　燕
责任编辑　李广鑫
出版发行　哈尔滨工业大学出版社
社　　址　哈尔滨市南岗区复华四道街 10 号 邮编 150006
传　　真　0451-86414749
网　　址　http://hitpress.hit.edu.cn
印　　刷　黑龙江艺德印刷有限责任公司
开　　本　787mm×1092mm　1/16　印张 23　字数 320 千字
版　　次　2013 年 1 月第 1 版　2020 年 8 月第 3 版
　　　　　2024 年 8 月第 2 次印刷
书　　号　ISBN 978-7-5603-7526-7
定　　价　48.80 元

（如因印装质量问题影响阅读，我社负责调换）

《"十四五"应用型本科院校系列教材》编委会

主　任　修朋月　竺培国

副主任　王玉文　　吕其诚　　线恒录　李敬来

委　员　丁福庆　于长福　马志民　王庄严　王建华
　　　　　王德章　刘金祺　刘宝华　刘　通　刘福荣
　　　　　关晓冬　李云波　杨玉顺　吴知丰　张幸刚
　　　　　陈江波　林　艳　林文华　周方圆　姜思政
　　　　　庹　莉　韩毓洁　蔡柏岩　臧玉英　霍　琳
　　　　　杜　燕

序

哈尔滨工业大学出版社策划的《"十四五"应用型本科院校系列教材》即将付梓，诚可贺也。

该系列教材卷帙浩繁，凡百余种，涉及众多学科门类，定位准确，内容新颖，体系完整，实用性强，突出实践能力培养。不仅便于教师教学和学生学习，而且满足就业市场对应用型人才的迫切需求。

应用型本科院校的人才培养目标是面对现代社会生产、建设、管理、服务等一线岗位，培养能直接从事实际工作、解决具体问题、维持工作有效运行的高等应用型人才。应用型本科与研究型本科和高职高专院校在人才培养上有着明显的区别，其培养的人才特征是：①就业导向与社会需求高度吻合；②扎实的理论基础和过硬的实践能力紧密结合；③具备良好的人文素质和科学技术素质；④富于面对职业应用的创新精神。因此，应用型本科院校只有着力培养"进入角色快、业务水平高、动手能力强、综合素质好"的人才，才能在激烈的就业市场竞争中站稳脚跟。

目前国内应用型本科院校所采用的教材往往只是对理论性较强的本科院校教材的简单删减，针对性、应用性不够突出，因材施教的目的难以达到。因此亟须既有一定的理论深度又注重实践能力培养的系列教材，以满足应用型本科院校教学目标、培养方向和办学特色的需要。

哈尔滨工业大学出版社出版的《"十四五"应用型本科院校系列教材》，在选题设计思路上认真贯彻教育部关于培养适应地方、区域经济和社会发展需要的"本科应用型高级专门人才"精神，根据前黑龙江省委书记吉炳轩同志提出的关于加强应用型本科院校建设的意见，在应用型本科试点院校成功经验总结的基础上，特邀请黑龙江省9所知名的应用型本科院校的专家、学者联合编写。

本系列教材突出与办学定位、教学目标的一致性和适应性，既严格遵照学科体系的知识构成和教材编写的一般规律，又针对应用型本科人才培养目标及与之相适应的教学特点，精心设计写作体例，科学安排知识内容，围绕应用讲授理论，做到"基础知识够用、实践技能实用、专业理论管用"。同时注意适当融入新理论、新技术、新工艺、新成果，并且制作了与本书配套的PPT多媒体教学课件，形成立体化教材，供教师参考使用。

《"十四五"应用型本科院校系列教材》的编辑出版，是适应"科教兴国"战略对复合型、应用型人才的需求，是推动相对滞后的应用型本科院校教材建设的一种有益尝试，在应用型创新人才培养方面是一件具有开创意义的工作，为应用型人才的培养提供了及时、可靠、坚实的保证。

希望本系列教材在使用过程中，通过编者、作者和读者的共同努力，厚积薄发、推陈出新、细上加细、精益求精，不断丰富、不断完善、不断创新，力争成为同类教材中的精品。

黑龙江省教育厅厅长

第3版前言

本书是以企业会计准则和相关法律、法规为基础，针对企业会计基本工作岗位设计的实训教材。本实训教材分别对出纳、材料会计、固定资产会计、往来结算会计、职工薪酬会计、成本核算会计、财务成果核算会计、资本金核算会计、税务会计、总账报表会计等岗位的基本职责和业务流程进行了介绍，并对学生提出了明确的实训目的与要求，各岗位业务内容设计比较全面、具体，重点训练学生填制原始凭证、编制记账凭证以及登记账簿的能力。

本书根据最新的企业会计准则和增值税法等法律法规进行了修订。本书可作为高等院校会计学专业和财务管理专业的实训教材，也可作为相关从业人员的培训教材。

本书由于晓菲和赵君担任主编，吴国辉和李宏卓担任副主编。于晓菲负责拟定编写大纲、结构设计以及全书的修改、总纂及定稿工作。编写工作的具体分工如下：于晓菲（黑龙江东方学院）编写第四章、第五章、第七章、第九章；赵君（黑龙江财经学院）编写第一章、第二章、第三章；吴国辉（黑龙江省医保局）编写第六章、第十章；李宏卓（黑龙江外国语学院）编写第八章；王慧瑜（黑龙江东方学院）、王兰（黑龙江东方学院）参与全书图表的修正工作。

本书在编写过程中参阅了有关文献资料和同类教材，在此一并表示感谢！

由于编者水平有限，书中不当或疏漏之处在所难免，恳请读者指正，以便今后修改完善。

编 者

2020 年 6 月

目　录

第一章　出纳岗位实训 ... 1
1.1　出纳岗位职责 ... 1
1.2　出纳岗位业务流程 ... 1
1.3　出纳岗位实训目的与要求 ... 5
1.4　出纳岗位实训内容 ... 5

第二章　材料会计岗位实训 ... 45
2.1　材料会计岗位职责 ... 45
2.2　材料会计岗位业务流程 ... 45
2.3　材料会计岗位实训目的与要求 ... 48
2.4　材料会计岗位实训内容 ... 48

第三章　固定资产会计岗位实训 ... 79
3.1　固定资产会计岗位职责 ... 79
3.2　固定资产会计岗位业务流程 ... 79
3.3　固定资产会计岗位实训目的与要求 ... 80
3.4　固定资产会计岗位实训内容 ... 81

第四章　往来结算会计岗位实训 ... 107
4.1　往来结算会计岗位职责 ... 107
4.2　往来结算会计岗位业务流程 ... 107
4.3　往来结算会计岗位实训目的与要求 ... 107
4.4　往来结算会计岗位实训内容 ... 108

第五章　职工薪酬会计岗位实训 ... 147
5.1　职工薪酬会计岗位职责 ... 147
5.2　职工薪酬会计岗位业务流程 ... 147
5.3　职工薪酬会计岗位实训目的与要求 ... 148
5.4　职工薪酬会计岗位实训内容 ... 148

第六章　成本核算会计岗位实训 ... 175
6.1　成本核算会计岗位职责 ... 175
6.2　成本核算会计岗位业务流程 ... 175
6.3　成本核算会计岗位实训目的与要求 ... 176

6.4 成本核算会计岗位实训内容 ··· 176

第七章　财务成果核算会计岗位实训 ·· 221

7.1 财务成果核算会计岗位职责 ·· 221
7.2 财务成果核算会计岗位业务流程 ··· 221
7.3 财务成果核算会计岗位实训目的与要求 ··· 222
7.4 财务成果核算会计岗位实训内容 ··· 222

第八章　资本金核算会计岗位实训 ·· 279

8.1 资本金核算会计岗位职责 ··· 279
8.2 资本金核算会计岗位业务流程 ··· 279
8.3 资本金核算会计岗位实训目的与要求 ··· 279
8.4 资本金核算会计岗位实训内容 ··· 280

第九章　税务会计岗位实训 ··· 301

9.1 税务会计岗位职责 ··· 301
9.2 税务会计岗位业务流程 ·· 301
9.3 税务会计岗位实训目的与要求 ··· 302
9.4 税务会计岗位实训内容 ·· 302

第十章　总账报表会计岗位实训 ·· 350

10.1 总账报表会计岗位职责 ··· 350
10.2 总账报表会计岗位业务流程 ·· 350
10.3 总账报表会计岗位实训目的与要求 ··· 350
10.4 总账报表会计岗位实训内容 ·· 350

参考文献 ·· 356

第一章 出纳岗位实训

1.1 出纳岗位职责

（1）负责保管好库存现金、有价证券以及空白支票、银行汇票等有关票证，并保管好有关印章。

（2）依据国家有关银行结算制度的规定，办理银行结算业务。每日终了，应计算全日银行存款的收入合计数、付出合计数和结余数，随时掌握各银行户头余额，防止签发空头支票。

（3）依据国家有关现金管理制度的规定，根据会计人员审核的凭证，办理现金的收、付款。出纳人员不得用白条子或单据抵作库存，不得私自挪用库存现金。

（4）每天依据收付款凭证登记日记账。现金每天应与现金日记账核对，发现现金浮多或短少要及时报告领导，查明原因，按有关规定处理；月末，银行存款日记账应及时与银行对账单核对，并与有关账户核对，避免拖、错、漏等情况发生。

（5）坚持出纳工作报告制度。每日终了填制出纳员报告表或货币资金结存情况表，以便会计主管和单位领导能够及时掌握货币资金的收支情况，检查对国家方针政策和制度的执行情况，发现问题及时纠正。

（6）按照国家外汇管理和结汇制度的规定及有关文件办理外汇出纳业务。

1.2 出纳岗位业务流程

出纳岗位业务流程如图1.1、图1.2、图1.3、图1.4、图1.5所示。

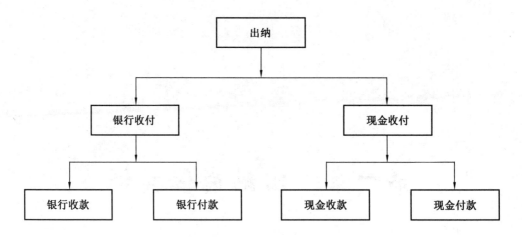

图 1.1 出纳岗位业务流程图

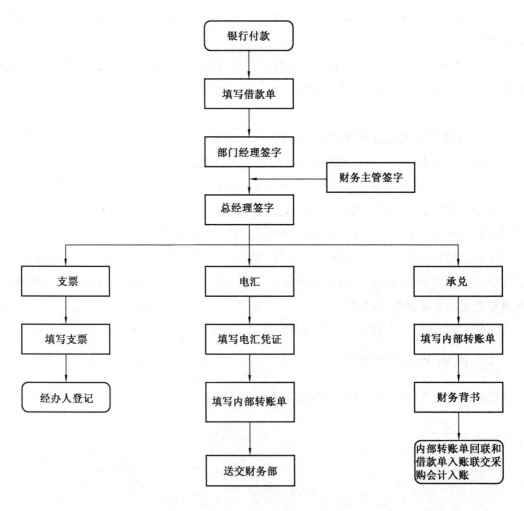

图 1.2 银行付款业务流程图

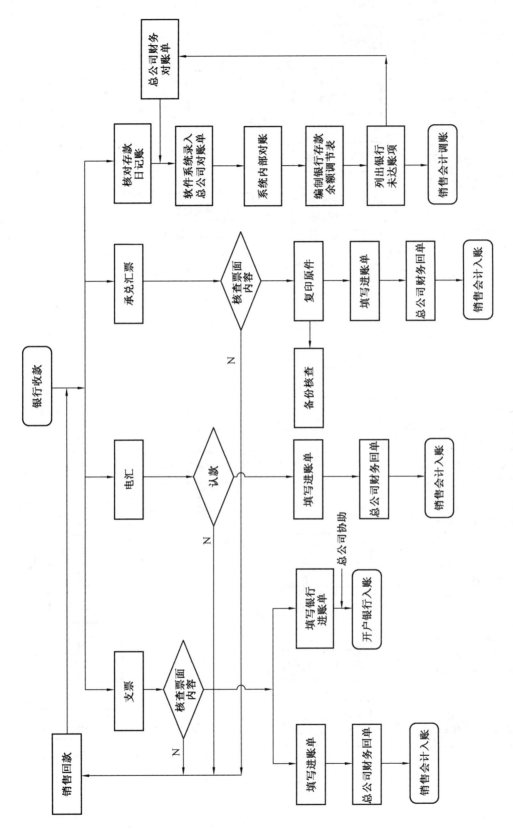

图1.3 银行收款业务流程图

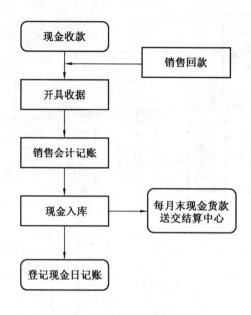

图 1.4 现金收款业务流程图

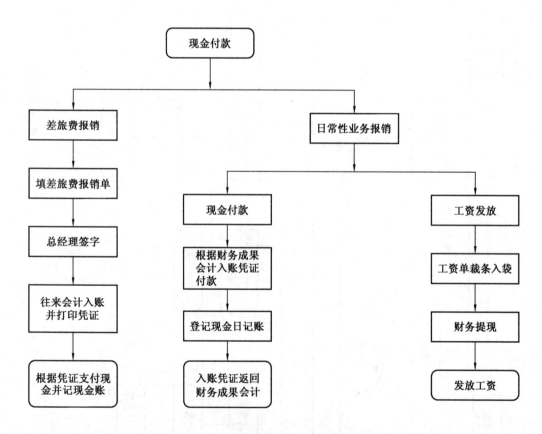

图 1.5 现金付款业务流程图

1.3 出纳岗位实训目的与要求

一、实训目的

通过本岗位的实训，使学生全面了解出纳岗位的基本职责和业务流程；掌握货币资金收付结算与核算的内容和方法；掌握银行存款余额调节表的编制方法；掌握日记账的设置与登记方法。

二、实训要求

（1）补填原始凭证（附件 1.21.1、附件 1.22.1）。
（2）根据经济业务编制记账凭证。
（3）编制银行存款余额调节表。
（4）设立、登记库存现金、银行存款日记账，并进行对账与结账。

1.4 出纳岗位实训内容

一、企业基本情况

企业名称：哈尔滨翌翔股份有限公司

注册资本：1 000 万元

地址：哈尔滨市南岗区 88 号

营业执照：020886364

经营范围：生产及销售 A、B 两种产品

法人代表：张仁军

税务登记号：230103789102603

电话：0451-88617788

开户银行：中国工商银行黑龙江分行先锋办事处

基本账号：03510108212008

本企业 2019 年 11 月末银行存款日记账余额：655 000.00 元；库存现金日记账余额：1 860.00 元。

二、实训资料

附件 1.1.1

中国工商银行

现金支票存根

X Ⅵ 285631

科　目＿＿＿＿＿＿＿＿

对方科目＿＿＿＿＿＿＿＿

出票日期 2019年12月1日

收款人：翌翔股份公司	
金　额：2 000.00	
用　途：备用金	

单位主管　　会计 张平

附件 1.2.1

101040209　黑龙江省增值税专用发票　№ 4005010

开票日期： 2019年12月4日

购货单位	名　称	泰山工厂				密码区			
	纳税人识别号	370982310042173							
	地址、电话	泰山市解放路12号 226214							
	开户行及账号	工行泰西营业部 2403115432							
货物或应税劳务名称	规格型号	单位	数量	单价	金额		税率	税额
A产品		台	150	2 000	300 000.00		13%	39 000.00
合　计					300 000.00			39 000.00
价税合计(大写)	※叁拾叁万玖仟元整				¥339 000.00			
销货单位	名　称	哈尔滨翌翔股份有限公司				备注			
	纳税人识别号	230103789102603							
	地址、电话	哈尔滨市南岗区88号0451-88617788							
	开户行及账号	工行先锋办事处035-1010-8212008							

第四联 记账联

收款人：　　　　复核：　　　　开票人：　　　　销货单位：(章)

附件 1.2.2

销售产品出库单

购货单位：泰山工厂　　　　　　2019-12-4　　　　　　　　编　号：1201　第三联 财务记录

产品编号	产品名称	型号规格	单位	数量	单位成本	金额	备注
	A产品		台	150	1 500.00	225 000.00	
备　注			结算方式	支票	运输方式	自提	

部长：王丽　　　　　　　　发货：田杨　　　　　　　　制单：马成

附件 1.2.3

中国工商银行　进账单（收账通知）

2019 年 12 月 4 日

出票人	全称	泰山工厂	收款人	全称	哈尔滨翌翔股份有限公司	此联是收款人的收账通知
	账号	2403115432		账号	035-1010-8212008	
	开户银行	工行泰西营业部		开户银行	工行先锋办事处	
金额	人民币（大写）	叁拾叁万玖仟元整			￥ 3 3 9 0 0 0 0 0	
	票据种类	转账支票	票据张数	1	收款人开户银行签章	
	票据号码					
	复核		记账			

（中国工商银行股份有限公司 先锋办事处 核算专用章（03））

附件 1.3.1

黑龙江省增值税专用发票

287402621 № 38645392

开票日期： 2019年12月5日

购货单位	名称：	哈尔滨翌翔股份有限公司				密码区				
	纳税人识别号：	230103789102603								
	地址、电话：	哈尔滨市南岗区88号 0451-88617788								
	开户行及账号：	工行先锋办事处 035-1010-8212008								
货物或应税劳务名称	规格型号	单位	数量	单价	金额	税率	税额
广告费					9,433.96	6%	566.04
合　计					9,433.96		566.04
价税合计(大写)	※壹万元整			小写	￥10,000.00		
销货单位	名称：	哈尔滨腾飞广告公司				备注				
	纳税人识别号：	230106235101145								
	地址、电话：	哈尔滨市南岗区55号 0451-86135982								
	开户行及账号：	农行和兴路办 035-1211-62192095								

收款人：张立　　复核：王红　　开票人：李广　　　　销货单位：（章）

附件 1.3.2

中国工商银行

转账支票存根

Ⅹ Ⅵ 164706

科　目 _____

对方科目 _____

出票日期 2019年12月5日

收款人：	
金　额：	10 000.00
用　途：	广告费

单位主管　　　会计

附件 1.4.1

广东省增值税专用发票

121040215　　　　　　　　　　　　　　　　　　　　　№ 23465312

开票日期：2019年12月6日

购货单位	名　　称：	哈尔滨翌翔股份有限公司	密码区				
	纳税人识别号：	230103789102603					
	地址、电话：	哈尔滨市南岗区88号0451-88617788					
	开户行及账号：	工行先锋办事处035-1010-8212008					

货物或应税劳务名称	规格型号	单位	数量	单价	金额	税率	税额
乙材料		千克	1000	99.80	99 800.00	13%	12 974.00
合　计					99 800.00		12 974.00
价税合计（大写）	※壹拾壹万贰仟柒佰柒拾肆元整				¥112 774.00		

销货单位	名　　称：	顺德有限公司	备注
	纳税人识别号：	440103789108988	
	地址、电话：	广东顺德东路1号015-12345678	
	开户行及账号：	工行华东办事处015-1015-75283256	

收款人：　　　　复核：李莎　　开票人：张红　　　　　销货单位：（章）

附件 1.4.2

银行承兑汇票　　2　AB/01　1560241

出票日期（大写）　贰零壹玖年壹拾贰月零陆日

付款人	全称	哈尔滨翌翔股份有限公司	收款人	全称	顺德有限公司
	账号	035-1010-8212008		账号	015-1015-75283256
	开户银行	工行先锋办事处		开户银行	工行华东办事处

出票金额	人民币（大写）　壹拾壹万贰仟柒佰柒拾肆元整	亿千百十万千百十元角分 ¥1 1 2 7 7 4 0 0

汇票到期日（大写）	贰零贰零年零叁月零陆日	付款人开户行	行号	035
交易合同号码	18676		地址	哈尔滨市先锋路126号

本汇票已经承兑，到期无条件支付票款。　　　本汇票请予以承兑于到期日付款。

承兑人签章　　　　　　　　　　　　　　　　出票人签章

承兑日期：　年　月　日

附件 1.4.3

材料入库验收单

验收日期：2019 年 12 月 6 日　　　　　　　　　　　　　　　　编号：1202

品名	规格	单位	数量		实际价格				计划价格	
			订单数	实际数	单价	总价	运杂费	合计	单价	合计
乙材料		千克		1 000	99.80	99 800.00		99 800.00		
合计						99 800.00		99 800.00		
备注										

供销主管：王宁　　　验收主管：张一　　　采购：刘贵

附件 1.5.1

中国工商银行银行汇票申请书（存根）

2019年12月7日

收款人	顺德有限责任公司		汇款人	哈尔滨翌翔股份有限公司								
账号或住址	015-1015-75283256		账号或住址	035-1010-8212008								
兑付地点	广东省广州市	兑付行	工行华东办事处	汇款用途	货款							
汇票金额	人民币贰拾贰万叁仟元整				千	百	十万	千	百	十	元	角	分
						￥	2	2	3	0	0	0	0	0
[哈尔滨翌翔股份有限公司财务专用章] [军印 张仁]		科　目 对方科目										
		财务主管　　　复核　　　经办										

附件1.6.1

中国工商银行信汇凭证（付款通知单）   1

委托日期：贰零壹玖年壹拾贰月零捌日   第 5103 号

汇款人	全称	哈尔滨翌翔股份有限公司	收款人	全称	光华有限责任公司
	账号或住址	035-1010-8212008		账号或住址	674980729805
	汇出地点	黑龙江省 市县	汇出行名称	工行先锋办	汇入地点	辽宁省 市县	汇入行名称	工行红河支行

金额 人民币：（大写）贰拾捌万元整   ￥280000.00

汇款用途：付货款

汇出行盖章：中国工商银行股份有限公司 先锋办事处 核算专用章 2019年12月18日（03）

单位主管　　会计　　复核　　记账

此联汇出行给汇款人的付款通知单

附件1.7.1

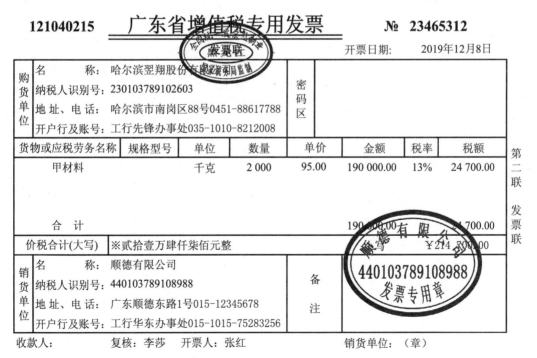

| 121040215 | 广东省增值税专用发票 | № 23465312 |

开票日期：2019年12月8日

| 购货单位 | 名　称：哈尔滨翌翔股份有限公司
纳税人识别号：230103789102603
地址、电话：哈尔滨市南岗区88号 0451-88617788
开户行及账号：工行先锋办事处 035-1010-8212008 | 密码区 |

货物或应税劳务名称	规格型号	单位	数量	单价	金额	税率	税额
甲材料		千克	2 000	95.00	190 000.00	13%	24 700.00
合　计					190 000.00		24 700.00

价税合计(大写) ※贰拾壹万肆仟柒佰元整   （小写）￥214 700.00

| 销货单位 | 名　称：顺德有限公司
纳税人识别号：440103789108988
地址、电话：广东顺德东路1号 015-12345678
开户行及账号：工行华东办事处 015-1015-75283256 | 备注 |

收款人：　　复核：李莎　　开票人：张红　　销货单位：（章）

附件 1.7.2

中国工商银行

银行汇票（解讫通知）3 票号

付款期限 壹个月				
出票日期（大写）	贰零壹玖年壹拾贰月零柒日		代理付款行：工行 行号：986	
收款人：	顺德有限责任公司	账号：015101575283256		
出票金额	人民币（大写）	贰拾壹万肆仟柒佰元整		
实际结算金额	人民币（大写）	贰拾壹万肆仟柒佰元整	千百十万千百十元角分 ￥2 1 4 7 0 0 0 0	
申请人：	哈尔滨翠翔股份有限公司	账号： 0351010-8212-008		
出票行：	工行先锋办事处 行号：			
备注： 代理付款行签章	汇票专用章	密押：		
		多余金额 千百十万千百十元角分 ￥ 8 3 0 0 0 0		
复核 经办	王洋		复核 记账	

此联代理付款行兑付后随报单寄出票行

附件 1.8.1

收 据

入账日期 2019 年 12 月 9 日

交款单位 达通有限责任公司   收款方式 转账支票

人民币(大写) 捌万元整   ￥80 000.00

收款事由 预收购货款

2019年 12 月 9 日

财会主管   记账   出纳 张平   审核   经办 赵丽

第三联 收款单位

附件1.8.2

中国工商银行 进账单（收账通知）

2019 年 12 月 9 日

出票人	全称	达通有限责任公司	收款人	全称	哈尔滨翌翔股份有限公司	此联是收款人的收账通知
	账号	035-1010-3672841		账号	035-1010-8212008	
	开户银行	工行南马路支行		开户银行	工行先锋办事处	

金额	人民币（大写）	捌万元整	亿 千 百 十 万 千 百 十 元 角 分
			￥ 8 0 0 0 0 0 0

票据种类		票据张数		
票据号码			收款人开户银行签章	
复核		记账		

附件1.9.1

税收通用缴款书

No 0352865

隶属关系：
注册类型：　　填发日期：2019 年12月10日　　征收机关：南岗税务局

缴款单位（人）	代 码	230103-789102603	预算科目	编码	101090300	第一联（收据）国库收款盖章后退缴款单位作完税
	全 称	哈尔滨翌翔有限公司		名称	增值税	
	开户银行	工行先锋办事处		级次	市级100%	
	账 号	035-1010-8212008	收款国库		工行先锋支行	

税款所属时期	2019年11月 1-30日		税款限缴时期	2019年12月15日		
品目名称	课税数量	计税金额或销售收入	税率或单位税额	已缴或扣除额	实缴金额	
		769 230.77	13%		100 000.00	
金额						
缴款单位（人）		税务机关（盖章）	上列款项已收妥并划转收款单位账户。		备注	
经办人（章）		填票人（章）	国库（银行）盖章			

附件 1.9.2

税收通用缴款书

No 0352866

隶属关系：
注册类型： 填发日期：2019 年12月10日　　征收机关：南岗税务局

缴款单位（人）	代　码	230103-789102603	预算科目	编码	101090300
	全　称	哈尔滨翌翔有限公司		名称	股份制企业城市维护建设税
	开户银行	工行先锋办事处		级次	市级100%
	账　号	035-1010-8212008		收款国库	工行先锋支行

税款所属时期	2019年11月 1-30日	税款限缴时期	2019年12月15日

品目名称	课税数量	计税金额或销售收入	税率或单位税额	已缴或扣除额	实缴金额
市区		100 000.00	7%		7 000.00

第一联（收据）国库收款盖章后退缴款单位作完税

经办人（章）　　填票人（章）　　税务机关（盖章）　　国库（银行）盖章

附件 1.10.1

借　款　单

哈财会账证49号
2019 年 12 月 10 日　　第3号

借款部门	销售部	姓名	王丽	级别	部长	出差地点	大连
						预计天数	3天

借款事由	借差旅费	借款金额	万千百十元角分 记账
			￥3 0 0 0 0 0
		大写金额	人民币叁仟元整

收款部门公　章		报销金额	
		结余金额	
会计主管　钱庄　　审核　孙佳　　经办人　张平		超支金额	

附件 1.11.1

贴现凭证（收账通知）　4

填写日期：贰零壹玖年壹拾贰月壹拾伍日　　　　第24578号

贴现汇票	种类	商业承兑汇票		号码	SC02587	申请人	名称	哈尔滨翌翔股份有限公司
	出票日	2019年11月15日					账号	035-1010-8212008
	到期日	2020年2月15日					开户银行	工行先锋办事处
汇票承兑人（或银行）	名称	泰山工厂		账号	24031694122		开户银行	工行泰西营业部
汇票金额（贴现金额）	人民币（大写）	叁拾万元整					千百十万千百十元角分	￥3 0 0 0 0 0 0 0
贴现率 每月	5‰	贴现利息	千百十万千百十元角分 ￥　　　3 0 0 0 0 0			实付贴现金额	千百十万千百十元角分	￥2 9 7 0 0 0 0 0

上述款项已转入贵单位账户
先锋办事处
此致
核算专用章 银行盖章
2019年12月15日

备注：

此联银行给贴现申请人的收款通知

附件 1.12.1

2019年11月工资发放表　　1/2

部门		序号	姓名	应出勤天数	实际出勤天数	工资标准	应领工资	应扣个税	实领工资	签字
生产车间	生产工人	1	王刚	30	30	8 000.00	8 000.00	825.00	7 175.00	王刚
		2	刘强	30	30	8 000.00	8 000.00	825.00	7 175.00	刘强
		3	张勇	30	30	8 000.00	8 000.00	825.00	7 175.00	张勇
		4	李伟	30	30	8 000.00	8 000.00	825.00	7 175.00	李伟
		5	刘丽	30	30	8 000.00	8 000.00	825.00	7 175.00	刘丽
		6	张平	30	30	8 000.00	8 000.00	825.00	7 175.00	张平
		7	陈红	30	30	8 000.00	8 000.00	825.00	7 175.00	陈红
		8	赵盈	30	30	8 000.00	8 000.00	825.00	7 175.00	赵盈
		9	李晶	30	30	8 000.00	8 000.00	825.00	7 175.00	李晶
		10	钱庄	30	30	8 000.00	8 000.00	825.00	7 175.00	钱庄
		11	赵丽	30	30	8 000.00	8 000.00	825.00	7 175.00	赵丽
		12	孙佳	30	30	8 000.00	8 000.00	825.00	7 175.00	孙佳
小计						96 000.00	96 000.00	9 900.00	86 100.00	

附件 1.12.2

2019年11月工资发放表 2/2

部门		序号	姓名	应出勤天数	实际出勤天数	工资标准	应领工资	应扣个税	实领工资	签字
生产车间	生产工人	1	王丽	30	30	8 000.00	8 000.00	825.00	7 175.00	王丽
		2	刘新	30	30	8 000.00	8 000.00	825.00	7 175.00	刘新
		3	张至	30	30	8 000.00	8 000.00	825.00	7 175.00	张至
		4	李刚	30	30	8 000.00	8 000.00	825.00	7 175.00	李刚
		5	刘园	30	30	8 000.00	8 000.00	825.00	7 175.00	刘园
		6	张星	30	30	8 000.00	8 000.00	825.00	7 175.00	张星
		7	陈涛	30	30	8 000.00	8 000.00	825.00	7 175.00	陈涛
		8	赵丹	30	30	8 000.00	8 000.00	825.00	7 175.00	赵丹
	管理人员	9	李想	30	30	9 000.00	9 000.00	1 025.00	7 975.00	李想
		10	钱航	30	30	9 000.00	9 000.00	1 025.00	7 975.00	钱航
管理部门		11	赵铭	30	30	9 000.00	9 000.00	1 025.00	7 975.00	赵铭
		12	孙强	30	30	9 000.00	9 000.00	1 025.00	7 975.00	孙强
小计						100 000.00	100 000.00	10 700.00	89 300.00	

附件 1.12.3

中国工商银行

现金支票存根

Ⅹ Ⅵ 285632

科　　目＿＿＿＿＿＿＿＿

对方科目＿＿＿＿＿＿＿＿

出票日期 2019年12月15日

| 收款人：翌翔股份公司 |
| 金　额：175 400.00 |
| 用　途：发工资 |

单位主管　　会计 张平

附件 1.13.1

委托收款 （付款通知单）

| 委邮 | | | 1 | 委托号码： | 2347 |

委托日期：贰零壹玖年壹拾贰月壹拾伍日

付款人	全称	哈尔滨翌翔股份有限公司	收款人	全称	哈尔滨自来水公司	此联是付款人开户行给付款人的通知
	账号地址	035-1010-8212008		账号	035-1211-6212009	
	开户银行	工行先锋办事处		开户银行	农行和兴路办	行号 2601

| 委收金额 | 人民币：(大写) | 壹仟壹佰叁拾玖元肆角柒分 | 千百十万千百十元角分 ￥1 1 3 9 4 7 |

| 款项内容 | 12月份水费 | 委托收款凭据名称 | | 附寄单证张数 | 4 |

备注：特约

收款人盖章：哈尔滨自来水公司 财务专用章 2019年12月15日

中国农业银行股份有限公司和兴路办事处 结算专用章 开户行盖章 12月15日

单位主管　　会计　　复核　　记账

附件 1.13.2

黑龙江省增值税专用发票

287402571　　　　　　　　　　№ 88465334

发票联

开票日期：2019年12月15日

购货单位	名　　称：	哈尔滨翌翔股份有限公司	密码区	
	纳税人识别号：	230103789102603		
	地址、电话：	哈尔滨市南岗区88号0451-88617788		
	开户行及账号：	工行先锋办事处035-1010-8212008		

货物或应税劳务名称	规格型号	单位	数量	单价	金额	税率	税额
水		m^3	207.176	5.00	1 035.88	9%	93.23
合　计					1 035.88		93.23

| 价税合计(大写) | ※壹仟壹佰贰拾玖元壹角壹分 | 小写 | ￥1 129.11 |

销货单位	名　　称：	哈尔滨自来水公司	备注	哈尔滨自来水有限公司 220103659102714 发票专用章
	纳税人识别号：	220103659102714		
	地址、电话：	哈尔滨市道里区56号0451-54613598		
	开户行及账号：	农行和兴路办035-1211-6212009		

收款人：张越　　复核：王平　　开票人：李立　　销货单位：（章）

附件 1.14.1

托收承付凭证（收款通知）1

托收号码 1562

委托日期：贰零壹玖年壹拾贰月壹拾肆日

付款人	全称	海滨工厂	收款人	全称	哈尔滨翌翔股份有限公司
	账号	2860834727		账号	035-1010-8212008
	开户银行	工行河阳营业部		开户银行	工行先锋办事处

金额	人民币（大写）	壹拾贰万玖仟零玖拾元整	千百十万千百十元角分 ¥ 1 2 9 0 9 0 0 0

附件	商品发运情况	合同名称号码
附寄单证 张数或册数	3	铁路	2019-6782

备注	款项收妥日期	（盖章：中国工商银行股份有限公司先锋办事处 核算专用章 (03)）
	电划	2019年12月18日

单位主管　　会计　张丹　　复核　王林　　记账

此联是收款人开户银行给收款人的收款通知

附件 1.15.1

黑龙江省增值税普通发票

282571852　　№ 83345796

开票日期：2019年12月21日

购货单位	名　称：	哈尔滨翌翔股份有限公司	密码区	
	纳税人识别号：	230103789102603		
	地址、电话：	哈尔滨市南岗区88号 0451-88617788		
	开户行及账号：	工行先锋办事处 035-1010-8212008		

货物或应税劳务名称	规格型号	单位	数量	单价	金额	税率	税额
餐饮费					582.52	3%	17.48
合　计					582.52		17.48

价税合计(大写)	※陆佰元整	小写	¥600.00

销货单位	名　称：	哈尔滨天天美食城	备注	（盖章：哈尔滨天天美食城 2019.12.21 发票专用章）
	纳税人识别号：	220103659102818		
	地址、电话：	哈尔滨市南岗区56号 0451-84613598		
	开户行及账号：	农行和兴路办 035-1211-6210925		

收款人：王越　　复核：李平　　开票人：刘立　　销货单位：(章)

附件 1.16.1

中国人民银行 支付系统专用凭证 No HG 000526000020

交易机构：0068	交易日期：2019-12-21	流水号：002650
交易名称：小额支付来账登记	业务种类：汇兑	支付交易序号：72211
发起行行号：0002347643	发起行名称：工行新阳办事处	
汇款人名称：北秀股份有限公司		
汇款人账号：6425453567		
收款人名称：哈尔滨翌翔股份有限公司		
收款人账号：035-1010-8212008		
接受行行号：000231167537648	接受行名称：中国工商银行先锋办事处	
金额： CNY 117 000.00		
附言：银行承兑汇票到期		
委托收款日期：2019-12-21	凭证号码：00235684	单证类型：02
分录		

财务主管： 　　会计：王明　　复核：刘弈　　记账：王辉

附件 1.17.1

黑龙江省增值税专用发票

287502921　　　　　　　　　　　　　　№ 35645692

开票日期：2019年12月26日

购货单位	名　称：哈尔滨翌翔股份有限公司	密码区			
	纳税人识别号：230103789102603				
	地址、电话：哈尔滨市南岗区88号0451-88617788				
	开户行及账号：工行先锋办事处035-1010-8212008				

货物或应税劳务名称	规格型号	单位	数量	单价	金额	税率	税额
办公用品					614.16	13%	79.84
合　计					614.16		79.84
价税合计(大写)	※陆佰玖拾肆元整			小写	￥694.00		

销货单位	名　称：哈尔滨文教用品商店	备注
	纳税人识别号：230103968102306	
	地址、电话：哈尔滨市香坊区33号0451-76135182	
	开户行及账号：工行和兴路办035-1211-62132045	

收款人：张苗　　复核：王乐　　开票人：李开　　销货单位：（章）

附件 1.18.1

差 旅 费 报 销 单

2019年 12月 27日

预领款	1 600.00
补领或缴还	

部 门	销售部	姓名	王丽	出差事由	参加商品博览会			
出差起止日期	自2019年12月13日至2019年12月18日止共计6天					附单据	10 张	

| 起讫时间 | 起讫地点 | 飞机、车、船费 | | 住宿费 | 出差补贴 | 市内交通费 | 其他费用 | | 附注 |
		名称	金额				名称	金额	
12.13	哈尔滨至大连		400	1 500.00	600.00	40.00		200.00	
12.18	大连至哈尔滨		400						
至									
至					**已 核 销**				
至									
合　　　　计			800	1 500.00	600.00	40.00		200.00	
合计金额（大写）叁仟壹佰肆拾元整							￥3 140.00		

单位主管　钱庄　　　复核　孙佳　　　出差人　王丽

附件 1.18.2

借 款 单

2019年12月10日

哈财会账证49号
第3号

借款部门	销售部	姓名	王丽	级别	部长	出差地点	大连
						预计天数	5天

| 借款事由 | 借差旅费 | 借款金额 | 万 千 百 十 元 角 分 | 记　账 |
			￥　3 0 0 0 0 0	
		大写金额	人民币叁仟元整	
收款部门公　　章	（原借款已报销结算完了并已收账）	报销金额	￥3 140.00	
	已 核 销	结余金额		
会计主管　钱庄　　审核　孙佳　　经办人　张平		超支金额	￥140.00	

附件 1.19.1

中国工商银行　业务收费凭证

币别：人民币　　　　2019年12月31日　　流水号2308667461980000015

付款人：哈尔滨翌翔股份有限公司		账号：035-1010-8212008		
项目名称	工本费	手续费	电子汇划费	金　额
转账		702.60		702.60
合计人民币（大写）柒佰零贰元陆角整				RMB702.60
付款方式	转账			

第二联 客户回单

会计主管　　　授权　　　　复核 李宁　　　录入 王红

附件 1.20.1

附件 1.20.2

中国工商银行

转账支票存根

Ⅹ Ⅵ 164707

科　　目＿＿＿＿＿＿＿

对方科目＿＿＿＿＿＿＿

出票日期：2019年12月31日

收款人：新金有限公司

金　额：169 500.00

用　途：购货款

单位主管　　　　　会计

附件 1.21.1

库存现金盘点表

盘点日期：2019 年 12 月 31 日

清 点 现 金			核 对 账 目	
货币面值	张数	金　额	项　目	金　额
壹佰元	8	800.00	截止盘点日现金账面余额	
壹拾元	9	90.00	其中：	
壹元	4	4.00		
			加：收入凭证未入账	
			欠人现金	
			职工未领取的工资	
			减：付出凭证未入账	
			白条充抵现金（　张）	
存折				
现金等价物				
			调整后现金余额	
现金合计		894.00	长款（+）或短款（-）	
说明：				

负责人：　　　会计主管：　　　出纳：　　　盘点：

附件1.22.1

银 行 对 账 单

工行先锋办事处

交易日期	交易流水号	凭证种类	凭证号码	摘要	借方	贷方	余额
2019-12-1	7795043	1001			2 000.00		653 000.00
2019-12-4	7795055	1002				348 000.00	1 001 000.00
2019-12-6	7795066	0012			116 766.00		884 234.00
2019-12-6	7795123	1002			10 000.00		874 234.00
2019-12-7	7795147	1002			220 400.00		653 834.00
2019-12-8	7795158	1002			280 000.00		373 834.00
2019-12-8	7795175	1002				2600.00	376 434.00
2019-12-9	7795186	1002				80 000.00	456 434.00
2019-12-9	7795201	0038			100 000.00		356 434.00
2019-12-9	7795202	0038			7 000.00		349 434.00
2019-12-9	7795222	1002			280 000.00		69 434.00
2019-12-15	7795235	1004				297 000.00	366 434.00
2019-12-15	7795243	1001			175 400.00		191 034.00
2019-12-15	7795268	1006			1139.47		189 894.53
2019-12-18	7795290	1003				129 090.00	318 984.53
2019-12-21	7795302	1005			117 000.00		201 984.53
2019-12-31	7795332	1006			702.60		201 281.93
2019-12-31	7795345	1018			3 276.00		198 005.93
2019-12-31	7795356	1017				234 000.00	432 005.93

附件 1.22.2

银行存款余额调节表

开户行及账号： 　　　　　　　　　　　　　　　　　　　　金额单位：元

项　目	金　额	项　目	金　额
企业银行存款日记账余额		银行对账单余额	
加：银行已收企业未收		加：企业已收银行未收	
1.		1.	
2.		2.	
3.		3.	
减：银行已付企业未付		减：企业已付银行未付	
1.		1.	
2.		2.	
3.		3.	
调节后的存款余额		调节后的存款余额	

主管： 　　　　　　会计： 　　　　　　出纳：

第二章 材料会计岗位实训

2.1 材料会计岗位职责

(1) 会同有关部门拟定材料的收发、领退和保管等管理与核算的实施办法,审查汇编材料采购用款计划,控制材料采购成本。

(2) 认真审核各类材料的收发凭证,负责材料的明细核算,每月要分别与仓库保管员和采购员对账。对购入的材料,要认真审查发票、账单等结算凭证,及时办理结算手续,核算采购成本。对在途材料要督促清理催收,对已验收入库尚未付款的材料,月终要估价入账。

(3) 配合有关部门制定材料消耗定额,采用计划成本进行材料日常核算的单位,要编制材料计划成本目录。

(4) 参与库存材料的清查盘点,对盘盈盘亏和报废的材料要查明原因。按不同情况经批准后分别进行处理。

(5) 分析材料库存的储备情况,对于超过正常储备和呆滞积压的材料,要分析原因,提出处理意见和建议,督促有关部门处理。对于材料保管不善和挪用库存材料造成损失浪费的,要向领导报告,追查责任。

2.2 材料会计岗位业务流程

材料会计岗位业务流程如图 2.1、图 2.2 所示。

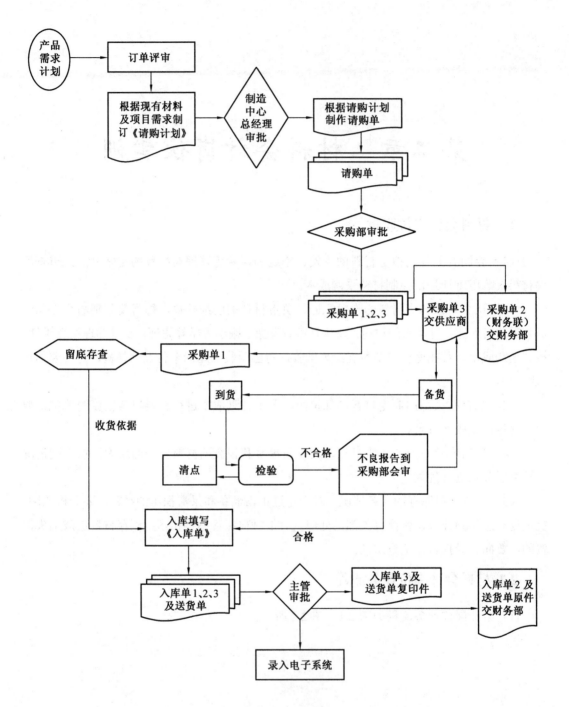

图 2.1 收料业务流程图

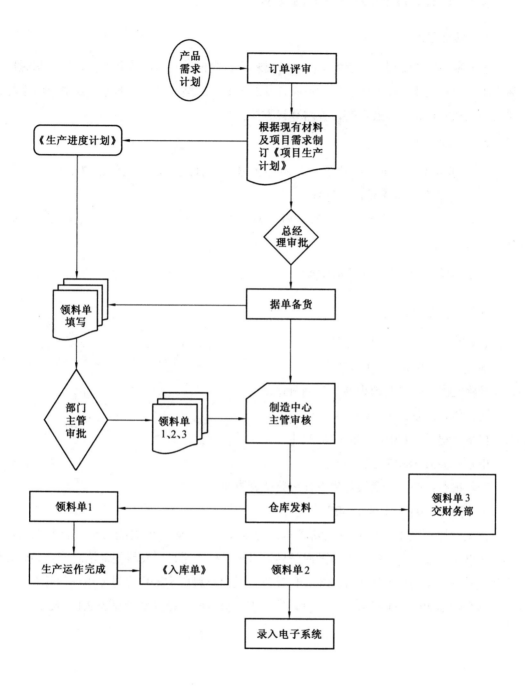

图 2.2 发料业务流程图

2.3 材料会计岗位实训目的与要求

一、实训目的

通过本岗位的实训，使学生全面了解材料会计岗位的基本职责和业务流程；掌握按实际成本计价和按计划成本计价下材料收、发的核算；掌握材料清查的方法及清查结果的处理；熟练掌握相关明细账户的设置与登记方法。

二、实训要求

（1）补填原始凭证（附件2.1.1、附件2.15.1、附件2.16.1、附件2.17.1）。

（2）根据经济业务编制记账凭证。

（3）设立、登记原材料、在途物资、材料采购、材料成本差异总账及明细账，并进行对账与结账。

2.4 材料会计岗位实训内容

一、企业基本情况

企业名称：哈尔滨翌翔股份有限公司

地址：哈尔滨市南岗区88号

经营范围：生产及销售W、Z两种产品

法人代表：张仁军

税务登记号：230103789102603

电话：0451-88617788

开户银行：中国工商银行黑龙江分行先锋办事处

基本账号：03510108212008

该企业原料及主要材料按计划成本计价核算，于验收入库时随时结转材料的成本差异；发出材料成本于材料发出时随时结转，月末根据"原材料发料凭证汇总表"结转并分摊其差异额。辅助材料按实际成本计价核算，发出材料成本采用先进先出法核算。

该企业2019年11月末库存原材料结存表、材料成本差异余额见表2.1、表2.2。

表 2.1　11 月份库存原材料结存表

2019 年 11 月 30 日

材料类别、品种		计量单位	数量	计划单价	金额
原料主要材料	甲材料	千克	8 000	100.00	800 000.00
	乙材料	千克	300	180.00	54 000.00
	丙材料	千克	3 000	15.00	45 000.00
辅助材料	A 材料	千克	20	20.00	400.00
	B 材料	千克	12	15.00	180.00

表 2.2　11 月末材料成本差异余额

2019 年 11 月 30 日

材料名称	金额
甲材料	6 425.36
乙材料	324.64
丙材料	0
合计	6 750.00

二、实训资料

附件 2.1.1

材料入库验收单

验收日期：2019 年 12 月 1 日　　　　　　　　　　　　　编号：1201

品名	规格	单位	数量		实际价格				计划价		第三联 会计记账联
			订单数	实际数	单价	总价	运杂费	合计	单价	合计	
甲材料											
乙材料											
合计											
备注											

供销主管：王宁　　　　验收主管：张一　　　　采购：刘贵

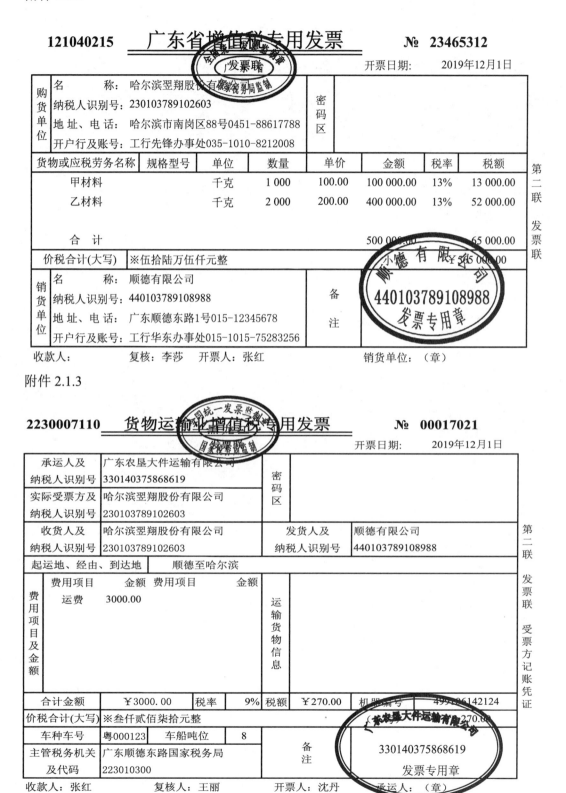

附件 2.1.4

广东省增值税专用发票

121002621　　　　　　　　　　　　　　　　　　№ 34653122

开票日期：2019年12月1日

购货单位	名称：哈尔滨翌翔股份有限公司 纳税人识别号：230103789102603 地址、电话：哈尔滨市南岗区88号0451-88617788 开户行及账号：工行先锋办事处035-1010-8212008	密码区	

货物或应税劳务名称	规格型号	单位	数量	单价	金额	税率	税额
装卸费					390.00	6%	23.40
合计					390.00		23.40

价税合计(大写)：※肆佰壹拾叁元肆角整　　　小写：￥413.40

销货单位	名称：广东农垦大件运输有限公司 纳税人识别号：330140375868619 地址、电话：广东黄河南路5号015-59821473 开户行及账号：农行华东办018-1211-19209562	备注	

收款人：吴立　复核：孟红　开票人：周广　销货单位：(章)

第二联 发票联

附件 2.1.5

银 行 承 兑 汇 票　2　AB/01　1560241

出票日期(大写)：贰零壹玖年壹拾贰月零壹日

付款人	全称	哈尔滨翌翔股份有限公司	收款人	全称	顺德有限公司
	账号	035-1010-8212008		账号	015-1015-75283256
	开户银行	工行先锋办事处		开户银行	工行华东办事处

出票金额	人民币(大写)	伍拾陆万捌仟陆佰捌拾叁元肆角整	亿千百十万千百十元角分 ￥ 5 6 8 6 8 3 4 0

汇票到期日(大写)	贰零贰零年叁月零壹日	付款人开户行	行号	035
交易合同号码	18676		地址	哈尔滨市先锋路12号

本汇票已经承兑,到期无条件支付票款。　　本汇票请予以承兑于到期日付款。

承兑人签章　　　　　　　　　　　　　　　出票人签章

承兑日期：　　年　　月　　日

注：此件为银行承兑汇票复印件

附件 2.2.1

材料入库验收单

验收日期：2019 年 12 月 2 日　　　　　　　　　　　　　　编号：1202

品名	规格	单位	数量		实际价格				计划价格		
			订单数	实际数	单价	总价	运杂费	合计	单价	合计	第三联　会计记账联
A材料		千克		200	20.00	4 000.00		4 000.00	20.00	4 000.00	
合计						4 000.00		4 000.00		4 000.00	
备注											

供销主管：王宁　　　　验收主管：张一　　　　采购：刘贵

附件 2.2.2

附件 2.2.3

中国工商银行

转账支票存根

Ⅹ Ⅵ 164701

科　目＿＿＿＿＿＿

对方科目＿＿＿＿＿＿

出票日期 2019年12月2日

转账收讫

收款人：

金　额：4 520.00

用　途：货款

单位主管　　　会计

附件 2.3.1

121040215	黑龙江省增值税专用发票				№ 23465312			
					开票日期：2019年12月3日			
购货单位	名　称：哈尔滨翌翔股份有限公司 纳税人识别号：230103789102603 地址、电话：哈尔滨市南岗区88号0451-88617788 开户行及账号：工行先锋办事处035-1010-8212008				密码区			
货物或应税劳务名称	规格型号	单位	数量	单价	金额	税率	税额	
乙材料		千克	300	190.00	57 000.00	13%	7 410.00	
合　计					57 000.00		7 410.00	
价税合计(大写)	※陆万肆仟肆佰壹拾元整						￥64 410.00	
销货单位	名　称：哈尔滨光明股份有限公司 纳税人识别号：230106987568906 地址、电话：哈尔滨市香坊区123号0451-55689416 开户行及账号：工行红旗办事处035-1015-1001222				备注			
收款人：　　　复核：　　　开票人：　　　　　　销货单位：（章）								

附件 2.3.2

中国工商银行

转账支票存根

X Ⅵ 164702

科　　目＿＿＿＿＿＿

对方科目＿＿＿＿＿＿

出票日期：2019年12月3日

收款人：

金　额：64 410.00

用　途：货款

单位主管　　　会计

附件 2.3.3

材料入库验收单

验收日期：2019 年 12 月 3 日　　　　　　　　　　　　编号：1203

品名	规格	单位	数量		实际价格				计划价格	
			订单数	实际数	单价	总价	运杂费	合计	单价	合计
乙材料		千克		300	190.00	57 000.00		57 000.00	180.00	54 000.00
合计						57 000.00		57 000.00		54 000.00
备注										

供销主管：王宁　　　验收主管：张一　　　采购：刘贵

附件 2.4.1

领 料 单

领料部门：加工车间　　　　开票日期　2019 年 12 月 4 日　　　　字第 110001 号

材料编号	材料名称	规格	单位	请领数量	实发数量	计划价格	
						单价	金额
11002	乙材料		千克		500	180.00	90 000.00
合计		(大写) 玖万元整			(小写) ￥90 000.00		
用途	生产 W 产品	领料部门		发料部门			
		负责人	领料人	核准人	发料人		
			徐洪		张星		

附件 2.5.1

领 料 单

领料部门：加工车间　　　　开票日期　2019 年 12 月 5 日　　　　字第 110002 号

材料编号	材料名称	规格	单位	请领数量	实发数量	计划价格	
						单价	金额
11001	甲材料		千克		7 000	100.00	700 000.00
合计		(大写) 柒拾万元整			(小写) ￥700 000.00		
用途	生产 Z 产品	领料部门		发料部门			
		负责人	领料人	核准人	发料人		
			徐洪		张星		

附件 2.6.1

领 料 单

领料部门：装配车间　　　　开票日期　2019 年 12 月 6 日　　　　字第 110003 号

材料编号	材料名称	规格	单位	请领数量	实发数量	计划价格	
						单价	金额
12001	A 材料		千克		100	20.00	2 000.00
合计		（大写） 贰仟元整			（小写） ￥2 000.00		
用途	生产 W 产品	领料部门			发料部门		
		负责人	领料人		核准人	发料人	
			孙明			张星	

附件 2.7.1

121040215　　广东省增值税专用发票　　№ 23465312

发票联

开票日期：2019年12月8日

购货单位	名　　　称：	哈尔滨翌翔股份有限公司	密码区
	纳税人识别号：	230103789102603	
	地址、电话：	哈尔滨市南岗区88号0451-88617788	
	开户行及账号：	工行先锋办事处035-1010-8212008	

货物或应税劳务名称	规格型号	单位	数量	单价	金额	税率	税额
甲材料		千克	2 000	95.00	190 000.00	13%	24 700.00
合　计					190 000.00		24 700.00
价税合计(大写)	※贰拾壹万肆仟柒佰元整				小写	￥214 700.00		

第二联　发票联

销货单位	名　　　称：	顺德有限公司	备注
	纳税人识别号：	440103789108988	
	地址、电话：	广东顺德东路1号015-12345678	
	开户行及账号：	工行华东办事处015-1015-75283256	

收款人：　　　复核：李莎　　开票人：张红　　　　销货单位：（章）

附件 2.7.2

材料入库验收单

验收日期：2019 年 12 月 8 日　　　　　　　　　　　　　　　　　　　　编号：1204

品名	规格	单位	数量		实际价格				计划价格	
			订单数	实际数	单价	总价	运杂费	合计	单价	合计
甲材料		千克		2 000	95.00	190 000.00		190 000.00	100.00	200 000.00
合计						190 000.00		190 000.00		200 000.00
备注										

供销主管：王宁　　　验收主管：张一　　　采购：刘贵

附件 2.8.1

领　料　单

领料部门：加工车间　　　　开票日期　2019 年 12 月 9 日　　　　字第 110004 号

材料编号	材料名称	规格	单位	请领数量	实发数量	计划价格	
						单价	金额
11001	甲材料		千克		1 000	100.00	100 000.00
合计	（大写）壹拾万元整				（小写）¥100 000.00		
用途	生产 Z 产品	领料部门			发料部门		
		负责人	领料人	核准人		发料人	
			徐洪			张星	

附件 2.9.1

领 料 单

领料部门：厂办　　　　　　开票日期　2019 年 12 月 10 日　　　　　　字第 110005 号

材料编号	材料名称	规格	单位	请领数量	实发数量	计划价格	
						单价	金额
11001	甲材料		千克		50	100.00	5 000.00
合计	（大写）伍仟元整				（小写）¥5 000.00		
用途	维修用	领料部门			发料部门		
		负责人	领料人		核准人	发料人	
			张军			张星	

附件 2.10.1

领 料 单

领料部门：加工车间　　　　开票日期　2019 年 12 月 11 日　　　　　　字第 110006 号

材料编号	材料名称	规格	单位	请领数量	实发数量	计划价格	
						单价	金额
11002	乙材料		千克		2 000	180.00	360 000.00
合计	（大写）叁拾陆万元整				（小写）¥360 000.00		
用途	生产W产品	领料部门			发料部门		
		负责人	领料人		核准人	发料人	
			徐洪			张星	

附件 2.11.1

领 料 单

领料部门：加工车间　　　　开票日期　2019 年 12 月 12 日　　　　字第 110007 号

材料编号	材料名称	规格	单位	请领数量	实发数量	计划价格	
						单价	金额
11003	丙材料		千克		3 000	15.00	45 000.00
合计	（大写）肆万伍仟元整				（小写）¥45 000.00		
用途	生产 Z 产品	领料部门			发料部门		
		负责人	领料人		核准人	发料人	
			徐洪			张星	

附件 2.12.1

领 料 单

领料部门：装配车间　　　　开票日期　2019 年 12 月 12 日　　　　字第 110008 号

材料编号	材料名称	规格	单位	请领数量	实发数量	计划价格	
						单价	金额
11002	乙材料		千克		50	180.00	9 000.00
合计	（大写）玖仟元整				（小写）¥9 000.00		
用途	车间一般耗用	领料部门			发料部门		
		负责人	领料人		核准人	发料人	
			孙明			张星	

附件 2.13.1

销售材料出库单

购货单位：兴旺工厂　　　　　2019年12月31日　　　　　　　　　编　号：CK1201

产品编号	产品名称	型号规格	单位	数量	单位成本	金额	备注
	B材料		千克	10	15.00	150.00	
备　注			结算方式		运输方式		自提

部长：王丽　　　　　　发货：田杨　　　　　　制单：马成

第三联　财务记录

附件 2.13.2

101040209　黑龙江省增值税专用发票　№ 4005010

开票日期：2019年12月31日

购货单位	名　称：	兴旺工厂				密码区			
	纳税人识别号：	370982310042173							
	地址、电话：	泰山市解放路12号 226214							
	开户行及账号：	工行泰西营业部 2403115432							

货物或应税劳务名称	规格型号	单位	数量	单价	金额	税率	税额
B材料		千克	10	18.00	180.00	13%	23.40
合　计					180.00		23.40

价税合计(大写)	※贰佰零叁元肆角整	小写	￥203.40

销货单位	名　称：	哈尔滨翌翔股份有限公司	备注
	纳税人识别号：	230103789102603	
	地址、电话：	哈尔滨市南岗区88号 0451-88617788	
	开户行及账号：	工行先锋办事处 035-1010-8212008	

第四联　记账联

附件 2.13.3

中国工商银行 进账单（收账通知）

2019年12月31日

出票人	全称	兴旺工厂	收款人	全称	哈尔滨翌翔股份有限公司	此联是收款人的收账通知
	账号	23076853786		账号	035-1010-8212008	
	开户银行	工商银行花园支行		开户银行	工行先锋办事处	

金额	人民币（大写）	贰佰零叁元肆角整	亿 千 百 十 万 千 百 十 元 角 分
			¥ 2 0 3 4 0

票据种类		票据张数		收款人开户银行签章
票据号码				
复核		记账		

（盖章：中国工商银行股份有限公司 先锋办事处 核算专用章（03））

附件 2.14.1

盘　点　表

种类　　　　　　　　　　2019 年 12 月 31 日

品名	单位	单价	实存		账存		盘盈		盘亏		备注
			数量	金额	数量	金额	数量	金额	数量	金额	
乙材料	千克	180.00	54	9 720.00	50	9 000.00	4	720.00			平时发料计量误差
B材料	千克	15.00	0		2	30.00			2	30.00	保管员私自送人

附件 2.15.1

材料成本差异计算表

2019 年 12 月

品名	月初结存		本月收入		合计		成本差异率
	计划成本	成本差异	计划成本	成本差异	计划成本	成本差异	
甲材料							
乙材料							
丙材料							
合计							

会计主管：　　　　　　　　　复核：　　　　　　　　制表：

附件 2.16.1

原材料耗用汇总表

企业名称：　　　　　　　　2019 年 12 月

部门（产品）	计划成本				差异额（差异率）	实际成本
	甲材料	乙材料	丙材料	合计		
合计						

2.17.1

主要原材料、辅助材料收、发、存汇总月报表

2019 年 12 月

材料名称	计量单位	计划单价	期初结存		本期收入		本期发出		期末结存	
			数量	金额	数量	金额	数量	金额	数量	金额

第三章 固定资产会计岗位实训

3.1 固定资产会计岗位职责

（1）会同有关部门拟定固定资产管理与核算的实施办法。正确划分固定资产与低值易耗品的界限，编制固定资产目录，对固定资产进行分类管理。

（2）参与核定固定资产需用量，参与编制固定资产改造和大修理计划。会同有关部门根据本单位生产经营的需要，认真核定固定资产需用量，并随着生产情况的变化进行调整。要经常深入实际，了解固定资产的新旧程度和完好状况，为编制固定资产改造和大修理计划提供资料。

（3）负责固定资产的明细核算，编制固定资产报表。对购置、调入、内部转移、租赁、封存、调出的固定资产，要监督有关部门或人员办理会计手续。要根据会计凭证登记固定资产账卡，定期进行核对，做到账、卡、物相符，并按期编报反映固定资产增减变动情况的会计报表。

（4）计算提取固定资产累计折旧和修理费用。根据计提折旧的有关规定，编制折旧计划，按月提取折旧和修理费用，不得多提、少提、漏提或重提；同时做好固定资产折旧和大修理费用的分配。

（5）参与固定资产的清查盘点。会同有关部门定期对固定资产进行盘点，年终进行全面清查。发现盘亏、盘盈和毁损等情况，要查明原因，弄清责任，按规定的审批权限办理报批手续；发现有多余、闲置以及保管、使用、维护不当的固定资产，要及时向领导报告，并提出改进意见。

（6）分析固定资产的使用效果。会同有关部门对固定资产的使用状况进行分析，促进固定资产的合理使用，加强维护保养，挖掘潜力，提高固定资产的利用率。

3.2 固定资产会计岗位业务流程

固定资产会计岗位业务流程如图 3.1 所示。

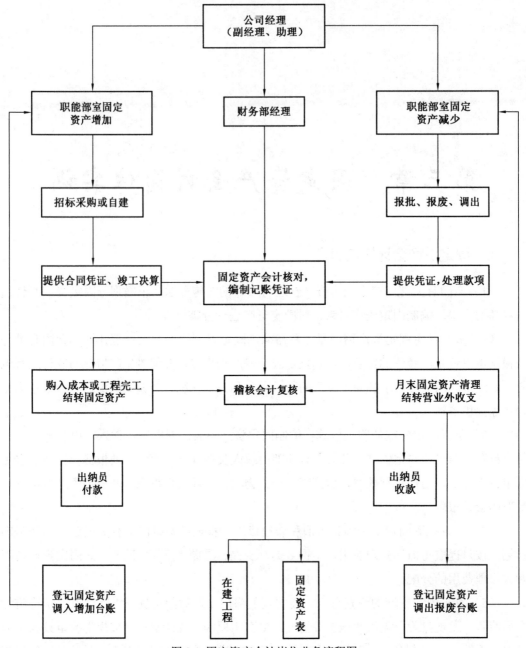

图 3.1 固定资产会计岗位业务流程图

3.3 固定资产会计岗位实训目的与要求

一、实训目的

通过本岗位的实训，使学生全面了解固定资产会计岗位的基本职责和业务流程；掌握固定资产增减的明细分类核算、在建工程成本的核算以及固定资产折旧额的核算；掌握固定资产清查的方法；掌握固定资产明细账的设置与登记方法。

二、实训要求

（1）补填原始凭证（附件 3.1.3、附件 3.9.3）。

（2）根据经济业务编制记账凭证。

（3）设立、登记固定资产、在建工程账户，并进行对账与结账。

3.4 固定资产会计岗位实训内容

一、企业基本情况

企业名称：哈尔滨翌翔有限责任公司

地址：哈尔滨市南岗区 88 号

电话：88617788

经营范围：生产销售甲、乙两种产品

注册资金：6 000 万元

纳税人登记号：230103789102603

开户银行及账号：工行先锋办事处 035-1010-8212008

二、实训资料

附件 3.1.1

附件 3.1.2

中国工商银行

转账支票存根

X Ⅵ 164701

科　　目＿＿＿＿＿＿＿

对方科目＿＿＿＿＿＿＿

出票日期 2019年12月1日

转账收讫

| 收款人： |
| 金　额：113 000.00 |
| 用　途：购买固定资产 |

单位主管　　　　会计

附件 3.1.3

固定资产验收单

编号：201210

取得日期：2019年12月1日　　　　交付使用日期：2019年12月1日

固定资产名　称	型号	来源	使用年月	原值				
^	^	^	^	买价	运杂费	工程费	其他	合计
车床		外购	2019-12-1	100 000.00				100 000.00
预计残值	预计清理费用	预计使用年限	年折旧额	年折旧率			月折旧率	附属设备
2 000.00	1 000.00	5年						
总经理	主管部门		使用部门		财会部门			
^	经理	经办人	经理	使用人	经理		会计	
刘强	李晶		刘丽	刘丽	刘丽		赵丽	

附件 3.1.4

固定资产卡片

资产类别	生产设备	制造厂名	兴盛工厂	资金来源	自购	
编号		出厂编号		购置日期	2019年12月	
名称	车床	出厂日期	2019年8月	安装日期		
型号规格		使用部门	装配车间	开始使用日期	2019年12月	
技术特征		存放地点		建卡日期	2019年12月1日	
项目	金额	折旧			折旧		
		年份	摊提额	累计额	年份	摊提额	累计额
重置完全价值	100 000.00						
改装或添置价值							
清理残值							
清理费用							
使用年限							
已用年限							
		原价变动记录					
		日期	增加	减少	变动后金额	变动原因	
年：基本折旧率							
年：基本折旧额							
年：分类折旧率							
年：分类折旧额							

附件 3.2.1

竣工验收报告

使用部门：厂部　　　　　2019年12月2日

名称	规格	建造单位	来源	使用年限
2号办公楼		哈建一公司	自建	50
验收工程	总造价	使用年限	预计净残值率	
2号办公楼建造	1 300 000.00	50	5%	
验收小组意见	工程质量：符合房屋建设的质量要求 使用情况：状况良好，可交付使用			
施工单位意见	同意验收结论	使用部门意见	同意交付使用	

附件 3.3.1

黑龙江省增值税专用发票

374026219　　　　　　　　　　　　　　　　　　　　　№ 05817035

开票日期：2019年12月5日

购货单位	名　称：哈尔滨翌翔股份有限公司 纳税人识别号：230103789102603 地址、电话：哈尔滨市南岗区88号0451-88617788 开户行及账号：工行先锋办事处035-1010-8212008	密码区	
货物或应税劳务名称	规格型号	单位	数量	单价	金额	税率	税额

货物或应税劳务名称	规格型号	单位	数量	单价	金额	税率	税额
仓库工程					77 981.65	9%	7 018.35
合　计					77 981.65		7 018.35
价税合计(大写)	※捌万伍仟元整				小写	85 000.00	

| 销货单位 | 名　称：哈尔滨腾飞股份有限公司
纳税人识别号：230104553102254
地址、电话：哈尔滨市道外区28号0451-56139842
开户行及账号：农行先锋办072-1261-62928095 | 备注 | |

收款人：杜军　　复核：刘正　　开票人：赵丹　　　　销货单位：(章)

附件 3.3.2

中国工商银行

转账支票存根

X Ⅵ 164702

科　目＿＿＿＿＿＿

对方科目＿＿＿＿＿＿

出票日期 2019年12月5日

转账收讫

| 收款人： |
| 金　额：85 000.00 |
| 用　途：支付工程款 |

单位主管　　　　会计

附件 3.4.1

固定资产清理报废单

编号　201210

2019年12月8日

使用单位：生产车间

名称	编号	单位	数量	原始价值	已提折旧	净值	清理费	收回变价收入	预计使用年限	实际使用年限
车床	200815	台	1	200 000.00	180 000.00	20 000.00	500	8 000.00	10年	9年
申请报废原因	设备淘汰									
处理意见	使用部门		技术鉴定小组		固定资产管理部门			主管部门审批		
	情况属实 *钱庄*		情况属实 *刘丽*		同意转入清理 *田华*			同意 *刘强*		

附件 3.5.1

中国工商银行

转账支票存根

X Ⅵ 164703

科　目 _____

对方科目 _____

出票日期　2019年12月8日

转账收讫

| 收款人： |
| 金　额：500.00 |
| 用　途：支付清理费 |

单位主管　　　　会计

附件 3.5.2

收　　据

入账日期　　2019年12月8日

今收到：哈尔滨翌翔股份有限公司

人民币：伍佰元整

系　付：清理费用

第二联　付款单位

附件 3.6.1

收　　据

入账日期　　2019年12月9日

今收到：哈尔滨市物资回收公司废旧物资款

人民币：捌仟元整

系　付：残料收入

第三联　收款单位

附件 3.6.2

中国工商银行 进账单（收账通知）

2019年 12 月 9 日

出票人	全称	黑龙江达通有限责任公司	收款人	全称	哈尔滨翌翔股份有限公司
	账号	23076853786		账号	035-1010-8212008
	开户银行	工商银行花园支行		开户银行	工行先锋办事处

金额	人民币（大写）	捌仟元整	亿千百十万千百十元角分 ¥ 8 0 0 0 0 0

票据种类		票据张数	
票据号码			

复核　　　　　记账

（盖章：中国工商银行股份有限公司先锋办事处收款核算专用章(03)）

此联是收款人的收账通知

附件 3.7.1

101040566　　黑龙江省增值税专用发票　　№ 4005378

开票日期： 2019年12月10日

购货单位	名　　称：	哈尔滨翌翔股份有限公司	密码区	
	纳税人识别号：	230103789102603		
	地 址、电 话：	哈尔滨市南岗区88号 0451-88617788		
	开户行及账号：	工行先锋办事处035-1010-8212008		

货物或应税劳务名称	规格型号	单位	数量	单价	金额	税率	税额
小汽车	现代SONATA领翔	台	1	150 000.00	150 000.00	13%	19 500.00
合　计					150 000.00		19 500.00

价税合计(大写)	※壹拾陆万玖仟伍佰元整	小写	￥169 500.00

销货单位	名　　称：	哈尔滨海德汽车制造有限公司	备注	
	纳税人识别号：	230103789102603		
	地 址、电 话：	哈尔滨市迎滨路92号 0451-86569368		
	开户行及账号：	工行西南办事处561283256		

收款人：张玉　　复核：孙佳　　开票人：陈红　　销货单位：（章）

第二联 发票联

附件 3.7.2

附件 3.7.3

固定资产验收单

编号：201211

取得日期：2019年12月10日　　　　　　　　交付使用日期：2019年12月10日

固定资产名称	型号	来源	使用年月	原值				
				买价	运杂费	工程费	其他	合计
小汽车		外购	2019-12-10	150 000.00				150 000.00
预计残值	预计清理费用	预计使用年限	年折旧额	年折旧率	月折旧率	附属设备		
8 775.00		4年	35 306.25	23.54%	1.96%			
总经理	主管部门		使用部门		财会部门		
	经理	经办人	经理	使用人	经理	会计		
刘强	李晶		刘丽	刘丽	刘丽	赵丽		

附件 3.7.4

固定资产卡片

资产类别	运输工具	制造厂名		资金来源	自购		
编号		出厂编号		购置日期	2019年12月		
名称	小汽车	出厂日期	2019年9月	安装日期			
型号规格	现代 SONATA 领翔	使用部门	装配车间	开始使用日期	2019年12月		
技术特征		存放地点		建卡日期	2019年12月10日		
项目	金额	折旧			折旧		
		年份	摊提额	累计额	年份	摊提额	累计额
重置完全价值	175 500.00						
改装或添置价值							
清理残值							
清理费用							
使用年限							
已用年限							
		原价变动记录					
		日期	增加	减少	变动后金额	变动原因	
年：基本折旧率							
年：基本折旧额							
年：分类折旧率							
年：分类折旧额							

附件 3.8.1

黑龙江省增值税专用发票

374096267　　　　　　　　　　　　　　　№ 05827057

发票联

开票日期：2019年12月12日

购货单位	名　　称：哈尔滨翌翔股份有限公司 纳税人识别号：230103789102603 地址、电话：哈尔滨市南岗区88号0451-88617788 开户行及账号：工行先锋办事处035-1010-8212008	密码区	

货物或应税劳务名称	规格型号	单位	数量	单价	金额	税率	税额
窗口维修					800.00	9%	72.00
合　计					800.00		72.00

价税合计(大写)	※捌佰柒拾贰元整	小写	￥872.00

销货单位	名　　称：哈尔滨建发安装公司 纳税人识别号：23010563254879 地址、电话：哈尔滨市平房区81号0451-86613982 开户行及账号：农行新疆办029-1211-22809544	备注	

收款人：孙志　　复核：刘琴　　开票人：黎明　　销货单位：（章）

附件 3.9.1

投资协议书

  今由兰海实业公司以起重机设备一台，对哈尔滨翌翔股份有限公司投资。该起重机 2017 年 10 月购入，原值 138 000 元，已提折旧 65 000 元，现行评估价值为 90 000 元，预计尚可使用 5 年。双方协商以评估价认定投资额，即 90 000 元，占哈尔滨翌翔股份有限公司 1.5‰的股份。哈尔滨翌翔股份有限公司应按兰海实业公司所占股份，根据董事会决议比例予以分配红利；兰海实业公司应按投资所占股份比例承担哈尔滨翌翔股份有限公司的亏损额。

  本协议自签字之日起生效，若一方违约，按有关法律条款处理。

投资方	接受投资方
单位名称（章）：兰海实业公司	单位名称（章）：哈尔滨翌翔股份有限公司
单位地址：大庆市	单位地址：哈尔滨市
法定代表人：曲兵	法定代表人：张文
委托代理人：	委托代理人：
电话：227896	电话：226036
传真：2356	传真：7656
开户银行：工商银行金海办事处	开户银行：工商银行先锋办事处
账号：776879825423006	账号：035-1010-8212008
邮政编码：	邮政编码：

2019 年 12 月 18 日

附件 3.9.2

产权转移书

  大庆市兰海实业公司将价值 90 000 元的一台起重机以投资形式转让给哈尔滨翌翔股份有限公司，从即日起，该起重机的所有权由兰海实业公司转移给哈尔滨翌翔股份有限公司，特此说明。

投资方	接受投资方
单位名称（章）：兰海实业公司	单位名称（章）：哈尔滨翌翔股份有限公司
单位地址：大庆市	单位地址：哈尔滨市
法定代表人：曲兵	法定代表人：张文
委托代理人：	委托代理人：
电话：227896	电话：226036
传真：2356	传真：7656
开户银行：工商银行金海办事处	开户银行：工商银行先锋办事处
账号：776879825423006	账号：035-1010-8212008
邮政编码：	邮政编码：

2019 年 12 月 18 日

附件 3.9.3

固定资产入账（出账）通知单

编号

年　月　日

被通知单位

类别	资产编号	固定资产名称	规格型号	建造单位		数量	原值	折旧额		使用年限	收回残值	累计已提折旧	净值	所在地	入账（出账）原因
				名称	日期 编号			应计折旧总额	月折旧额						

通知单位　　　　　　　　　　　　　　　　经办人

附件 3.9.4

固定资产卡片

资产类别	生产设备	制造厂名	朝阳重型机械厂		资金来源	兰海实业公司投入	
编号		出厂编号			购置日期	2019 年 12 月	
名称	起重机	出厂日期	2016 年 10 月		安装日期		
型号规格		使用部门	装配车间		开始使用日期	2019 年 12 月	
技术特征		存放地点			建卡日期	2019 年 12 月 20 日	
项目	金额	折旧			折旧		
		年份	摊提额	累计额	年份	摊提额	累计额
重置完全价值	90 000.00						
改装或添置价值							
清理残值							
清理费用							
使用年限							
已用年限							
	原价变动记录						
	日期	增加	减少	变动后金额	变动原因		
年：基本折旧率							
年：基本折旧额							
年：分类折旧率							
年：分类折旧额							

附件 3.10.1

固定资产盘盈盘亏报告表

编报单位　　　　　　　　　　　2019 年 12 月 31 日

资产编号	名称	规格型号	计量单位	盘盈			盘亏			原因	
				数量	重置价值	估计价值损耗	数量	原价	已提折旧	数量	
	砂轮机		台				1	3 000	1 700		借出未归还查无下落

附件 3.11.1

固定资产折旧计算表

2019年12月31日

折旧 \ 部门	房屋建筑物 0.02%		机器设备 0.08%		办公设备 0.09%		合　　计	
	原值	折旧额	原值	折旧额	原值	折旧额	原值	折旧额
基本生产车间	13 500 000.00	2 700.00	3 560 000.00	2 848.00	250 000.00	225.00	17 310 000.00	5 773.00
机修车间	6 700 000.00	1 340.00	1 520 000.00	1 216.00	90 000.00	81.00	8 310 000.00	2 637.00
供汽车间	8 200 000.00	1 640.00	1 020 000.00	816.00	80 000.00	72.00	9 300 000.00	2 528.00
销售部	2 000 000.00	400.00			120 000.00	108.00	2 210 000.00	508.00
行政管理	12 300 000.00	2 460.00			520 000.00	468.00	12 820 000.00	2 928.00
合　计	42 700 000.00	8 540.00	6 100 000.00	4 880.00	1 060 000.00	954.00	49 860 000.00	14 374.00

会计主管：　　　　　　　　　　　　　　　　　　制表：

第四章　往来结算会计岗位实训

4.1　往来结算会计岗位职责

（1）熟悉与债权、债务相关的法律法规，协助会计主管人员建立健全往来会计内部控制制度，建立债务人资信档案，掌握债务人资信情况。

（2）按照单位和个人分别设置往来明细账户。根据审核后凭证逐笔顺序登记，并经常与债权人、债务人核对往来账目，年终要抄列清单。

（3）配合责任部门或人员及时清理应收应付、预收预付款项，办理收回或偿还手续，防止遗漏。

（4）对预借的差旅费，要督促及时办理报销手续，收回余额，不得拖欠，不准挪用，要按照规定开支标准，严格审查有关支出。

（5）计提坏账准备，对确实无法收回的应收款项和不能支付的应付款项，应查明原因，按规定报批处理。

（6）定期为有关部门、人员和相关领导提供债权债务信息。

4.2　往来结算会计岗位业务流程

往来结算会计岗位业务流程如图4.1所示。

4.3　往来结算会计岗位实训目的与要求

一、实训目的

通过本岗位的实训，使学生全面了解往来结算会计岗位的基本职责和业务流程；掌握各种债权、债务确认的计量标准及其账务处理的操作技能；掌握坏账准备的计算和账务处理方法；掌握往来账项总账科目和明细科目的设置与登记方法。

二、实训要求

（1）补填原始凭证（附件4.17.1）。

（2）根据经济业务编制记账凭证。

（3）设立、登记往来款项账户，并进行对账与结账。

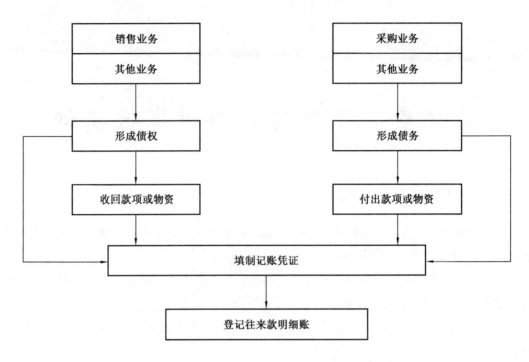

图 4.1 往来结算会计岗位业务流程图

4.4 往来结算会计岗位实训内容

一、企业基本情况

企业名称：哈尔滨荣智有限责任公司

地址：哈尔滨市南岗区 51 号

电话：87697777

经营范围：生产销售甲、乙两种产品

注册资金：1 000 万元

纳税人登记号：230105665511123

开户银行及账号：工行和兴支行 35000534168021

本公司 2018 年 3 月 31 日往来账户总账、明细账余额如下：

（1）应收账款总账余额为 303 900 元，其明细账户余额为：

威远公司　63 250 元

新都公司　97 620 元

天山工厂　54 200 元

海川公司 45 830 元

爱特公司 38 700 元

宜华公司   4 300 元

（2）坏账准备总账余额为 15 195 元。

（3）应收票据总账余额为 255 500 元，其明细账户余额为：

恒星公司（4 月 16 日到期） 67 000 元

安瑞公司（4 月 6 日到期）   48 500 元

美达公司（6 月 11 日到期） 52 000 元

兴盛公司（8 月 25 日到期） 85 000 元

（4）其他应收款总账余额为 9 000 元，其明细账户余额为：

刘力   4 000 元

王哲   5 000 元

（5）预付账款总账余额为 45 000 元，其明细账户余额为：

天马公司 30 000 元

华兴公司 15 000 元

公司期末采用应收账款余额百分比法计提坏账准备，计提比例为 5%。

二、实训资料

附件 4.1.1

差 旅 费 报 销 单

预借款	4000
补领或交还	

2019年4月2日

部门	销售部	姓名		刘力		出差事由		参加展销会	
出差起止日期	自2019年3月20日至2019年3月26日共计 7 天						附单据 9 张		
起讫时间	起讫地点	飞机、车、船		住宿费	出差补贴	市内交通费	其他费用		附注
		名称	金额				名称	金额	
3.20	哈尔滨至沈阳		560.00	1 050.00	490.00	104.00		100.00	
3.26	沈阳至哈尔滨		560.00						
合　　计			1 120.00	1 050.00	490.00	104.00		100.00	
合计金额（大写）贰仟捌佰陆拾肆元整								2 864.00	

单位主管　　　　　　　复核　　　　　　　出差人

附件 4.1.2

收 款 收 据

2019年 4 月 2 日　　　　　　　　　　　　　　No001

交款人		刘　力
款项内容		退还多借差旅费
金额	人民币（大写）	壹仟壹佰叁拾陆元整　　　　¥1136.00

第三联　收款单位记账

收款单位盖章　　　　　　　　出纳　　　　　　　　交款人

（哈尔滨荣智有限责任公司　2019.4.2　现金收讫）

附件 4.1.3

中国工商银行 现金存款单

2019 年 4 月 2 日

存款单位全称	哈尔滨荣智有限责任公司	账　号	35000534168021
款项来源	返回多借差旅费	开户行	工行和兴支行

人民币（大写）壹仟壹佰叁拾陆元整　　　　　　千百十万千百十元角分
　　　　　　　　　　　　　　　　　　　　　　¥ 1 1 3 6 0 0

券别	张（枚）	金　额 千百十万千百十元角分	券别	张（枚）	金　额 千百十万千百十元角分
壹佰元			伍　角		
伍拾元			贰　角		
贰拾元			壹　角		
拾　元			伍　分		
伍　元			贰　分		
贰　元			壹　分		
壹　元					

中国工商银行
和兴支行
2019.4.2
业务清讫

收款银行盖章　　　收款　复核

附件 4.2.1

附件 4.2.2

收 料 单

发票号：23464312号　　　2019年 4 月 3 日　　　No004

供应单位	天马有限公司		材料类别及编号				记账联
材料名称及规格	计量单位	数量		实际成本			
		发票数	实收数	发票价格	运杂费	合计	单价
A材料	千克	600	600	28 200		28 200	47
备　注							

核算　　　　　　保管　　　　　　检验　　　　　　交库

附件 4.3.1

附件 4.3.2

商业承兑汇票

	全 称	哈尔滨市荣智有限责任公司		全 称	哈尔滨市东方公司
收款人	账 号	35000534168021	付款人	账 号	213468902
	开户行及账号	工行和兴支行		开户行及账号	建行东风支行

出票日期（大写） 贰零壹玖 年 零肆 月 零伍 日

汇票金额　人民币（大写）壹拾贰万肆仟叁佰元整　￥1 2 4 3 0 0 0 0

汇票到期日　贰零壹玖年零柒月零伍日　交易合同号 003

本汇票已经承兑，到期无条件付款。

哈尔滨市东方公司财务专用章

明王印启

承兑人签章　承兑日期 年 月 日　出票人签章

注：此件为商业承兑汇票复印件

附件4.3.3

销售产品出库单

购货单位：哈尔滨市东方公司　　　　2019-4-5　　　　　　　编　号：401　　第三联 财务记录

产品编号	产品名称	型号规格	单位	数量	单位成本	总成本	备注
	甲产品		件	200			
备注			结算方式	支票	运输方式	自提	

部长：孙宇　　　　　　　　发货：李靖　　　　　　　　制单：张琦

附件4.4.1

中国工商银行 进账单（收账通知）

2019年 4 月 6 日

出票人	全称	安瑞有限责任公司	收款人	全称	哈尔滨荣智有限责任公司	此联是收款人的收账通知
	账号	68230753786		账号	35000534168021	
	开户银行	工商银行大安支行		开户银行	工行和兴支行	

金额	人民币（大写）	肆万捌仟伍佰元整	中国工商银行 和兴支行 2019.4.6 收款人开户银行签章	亿	仟	百	十万	千	百	十	元	角	分
						¥	4	8	5	0	0	0	0

票据种类	银行承兑汇票	票据张数	1张
票据号码			

业务清讫

复核　　　　　　记账

附件 4.5.1

业务委托书（回单）

2019年 4 月 8 日

业务类型	☑电汇	□信汇	□汇票申请书	□本票申请书	□其他	
汇款人	全 称	哈尔滨荣智有限责任公司	收款人	全 称	天马有限公司	
	账号或地址	35000534168021		账号或地址	015-1015-86283256	
	开户银行	工行和兴支行		开户银行	沈阳市建行华东办事处	

金额（大写） 壹仟捌佰陆拾陆元整　　　亿千百十万千百十元角分
　　　　　　　　　　　　　　　　　　　　　　　　　¥ 1 8 6 6 0 0

密 码		加急汇款签字		付出行签章
用 途	还账款			中国工商银行 和兴支行 2019.4.8 业务清讫
备 注				

第一联回单联

事后监督：　　　会计主管：　　　复核：　　　记账：

附件 4.6.1

托收凭证（收账通知）

受托日期 2019 年 3 月 31 日

业务类型	委托收款（□邮划、☑电划）		托收承付（□邮划、□电划）		
付款人	全 称	新都公司	收款人	全 称	哈尔滨荣智有限责任公司
	账 号	1208435		账 号	35000534168021
	地 址	广东省深圳市　开户行　农行解放支行		地 址	哈尔滨市　开户行　工行和兴支行

金额 人民币（大写） 玖万柒仟陆佰贰拾元整　　　亿千百十万千百十元角分
　　　　　　　　　　　　　　　　　　　　　　　　　¥ 9 7 6 2 0 0

款项内容	货款	托收凭据名称	发票	附寄单证张数	2
商品发运情况			合同名称号码	中国工商银行 和兴支行 2019.4.8 业务清讫	
备注：	款项受托日期				
				收款人开户银行签章	
复核　　记账			年　月　日	年　月　日	

收款人开户银行给收款人的收账通知

附件 4.7.1

业务委托书（回单）

2019年 4 月 10 日

业务类型		□电汇 ☑信汇 □汇票申请书 □本票申请书 □其他			
汇款人	全 称	哈尔滨荣智有限责任公司	收款人	全 称	顺康有限公司
	账号或地址	35000534168021		账号或地址	62873256
	开户银行	工行和兴支行		开户银行	工行前门办事处

金额（大写） 伍万元整　　　　　　　　亿千百十万千百十元角分
　　　　　　　　　　　　　　　　　　　　　　￥5 0 0 0 0 0 0

密码		加急汇款签字		付出行签章
用 途		预付货款		中国工商银行和兴支行　2019.4.10　业务清讫
备 注				

第一联 回单联

事后监督：　　　会计主管：　　　复核：　　　记账：

附件 4.8.1

商业承兑汇票

出票日期（大写）　贰零壹玖 年 零壹 月 壹拾壹日

收款人	全 称	哈尔滨市荣智有限责任公司	付款人	全 称	哈尔滨市美达公司
	账 号	35000534168021		账 号	721465902
	开户行及账号	工行和兴支行		开户行及账号	建行东风支行
汇票金额		人民币（大写）伍万贰仟元整			亿千百十万千百十元角分　￥5 2 0 0 0 0 0
汇票到期日		贰零壹玖年零陆月壹拾壹日	交易合同号		331

本汇票已经承兑，到期无条件付款。

哈尔滨市美达公司财务专用章　　　峰赵印海

承兑人签章
承兑日期　年　月　日　　　　　　　　　　出票人签章

收款人开户行随委托收款凭证　寄付款人开户行转付款人

注：此件为商业承兑汇票复印件

附件 4.8.2

应收票据贴现通知书

因资金需要，现将哈尔滨市美达公司的商业承兑汇票予以贴现。

财务部长：陈风

2019 年 4 月 11 日

附件 4.8.3

贴现凭证（收账通知） 4

填写日期：贰零壹玖年肆月壹拾壹日　　第74557号

贴现汇票	种类	商业承兑汇票	号码	SC05179	申请人	名称	哈尔滨荣智有限责任公司
	出票日	2019年1月11日				账号	35000534168021
	到期日	2019年6月11日				开户银行	工行和兴支行
汇票承兑人（或银行）	名称	哈尔滨市美达公司		账号	721465902	开户银行	建行东风支行
汇票金额（贴现金额）	人民币（大写）	伍万贰仟元整				千百十万千百十元角分	￥5 2 0 0 0 0 0
贴现率 8.10%	贴现利息	千百十万千百十元角分 ￥7 0 2 0 0			实付贴现金额	千百十万千百十元角分	￥5 1 2 9 8 0 0

上述款项已入你单位账户。

银行盖章
2019年4月11日

备注：

此联银行给贴现申请人的收款通知

附件 4.9.1

附件 4.9.2

附件 4.9.3

银行承兑协议

协议编号：

收款人全称　华康有限公司　　　　付款人全称　哈尔滨荣智有限责任公司

开户银行　建行苹果办事处　　　　开户银行　工行和兴支行

账　　号　5879843362　　　　　　账　　号　35000534168021

汇票号码　10268412　　　　　　　汇票金额(大写)　肆拾陆万捌仟元整

签发日期　2019　年　4　月　13　日　　到期日期　2019　年　7　月　13　日

以上汇票经承兑银行承兑，承兑申请人(下称申请人)愿遵守《银行结算办法》的规定以及下列条款：

一、申请人于汇票到期日前将应付票款足额交存承兑银行。

二、承兑手续费按票面金额万分之（　五　）计算，在申请时一次付清。

三、承兑汇票如发生任何交易纠纷，均由收付双方自行处理，票款于到期前仍按第一条办理。

四、承兑汇票到期日，承兑银行凭票无条件支付票款。如到期日之前申请人不能足额交付票款时，承兑银行对不足支付票款转作承兑申请逾期贷款，并按照有关规定计收罚息。

五、承兑汇票款付清后，本协议自动失效。本协议第一、二联分别由承兑银行信贷部门和承兑申请人存执，协议副本由承兑银行会计部门存查。

承兑银行：工行和兴支行　　　　　　承兑申请人：哈尔滨荣智有限责任公司

订立承兑协议日期 2019 年 4 月 13 日

附件 4.9.4

中国工商银行

收费凭条 2353904

2019年4月13日

付款人名称	哈尔滨荣智有限责任公司		付款人账号		35000534168021								
服务项目（凭证种类）	数量	工本费		手续费		小 计							
					百	十万	千	百	十	元	角	分	
银行承兑汇票	1							2	3	4	0	0	
金额（大写） 贰佰叁拾肆元整							￥		2	3	4	0	0

以下在购买凭证时填写

领购人姓名		领购人证件类型	
		领购人证件号码	

（盖章：哈尔滨荣智有限责任公司财务专用章；智陈印荣）
预留印鉴

上述款项请从我购户内收费。

附件 4.10.1

关于应收账款核销的批示

应收宜华公司货款人民币肆仟叁佰元整（￥4 300元），已逾期三年无法收回，经批准同意核销。

财务总监：丁一

2019 年 4 月 14 日

附件 4.11.1

附件 4.11.2

中国工商银行

转账支票存根

Ⅹ Ⅵ 647015

附加信息

出票日期 2019年4月15日

收款人:	吉祥运输公司
金　额:	1 600.00
用　途:	运输费

单位主管　　　　　会计

附件 4.11.3

托收凭证（受理回单）

受托日期 2019 年 4 月 15 日

业务类型		委托收款（□邮划、□电划）			托收承付（□邮划、☑电划）		
付款人	全 称	沈阳利丰公司		收款人	全 称	哈尔滨荣智有限责任公司	
	账 号	3184628962			账 号	35000534168021	
	地 址	辽宁省沈阳市	开户行 中行长江支行		地 址	哈尔滨市	开户行 工行和兴支行
金额	人民币（大写）	玖万柒仟陆佰伍拾元整			亿千百十万千百十元角分 ¥ 9 7 6 5 0 0 0		
款项内容		货款	托收凭据名称	发票		附寄单证张数	3
商品发运情况				合同名称号码			
备注：		款项受托日期			中国工商银行和兴支行 2019.4.15 业务清讫		
					收款人开户银行签章		
复核		记账		年 月 日	年 月 日		

收款人开户银行给收款人的回单

附件 4.11.4

销售产品出库单

购货单位：沈阳利丰公司　　2019-4-15　　编　号：402　第三联财务记录

产品编号	产品名称	型号规格	单位	数量	单位成本	总成本	备注
	乙产品		件	100			
备 注				结算方式	托收承付	运输方式	代垫运费

部长：孙宇　　　　　　　　　发货：李靖　　　　　　　制单：张琦

附件 4.12.1

商业承兑汇票

出票日期（大写） 贰零壹捌 年 壹拾贰 月 壹拾陆日

收款人	全称	哈尔滨荣智有限责任公司	付款人	全称	哈尔滨市恒星公司
	账号	35000534168021		账号	1724657902
	开户行及账号	工行和兴支行		开户行及账号	工行和平支行

汇票金额	人民币（大写）陆万柒仟元整	亿千百十万千百十元角分 ¥6700000

汇票到期日	贰零壹玖年零肆月壹拾陆日	交易合同号	343

本汇票已经承兑，到期无条件付款。

承兑人签章
承兑日期 年 月 日

哈尔滨市恒星公司财务专用章　　之杨印帆

出票人签章

注：此件为商业承兑汇票复印件

附件 4.12.2

中国工商银行特种转账借方传票

2019年4月16日

付款单位	全称	哈尔滨荣智有限责任公司	收款单位	全称	工行和兴支行
	账号或地址	35000534168021		账号或地址	
	开户银行	工行和兴支行		开户银行	工行和兴支行

金额	人民币（大写）	陆万柒仟元整	¥67 000.00

原始凭证金额	陆万柒仟元整	罚款赔偿金		科目（贷）
原始凭证名称	商业承兑汇票	号码		对方科目（借）

转载原因	贴现未收款，商业承兑汇票到期无法收回。		
	银行盖章	中国工商银行和兴支行 2019.4.16 业务清讫	会计　复核　出纳

附件4.13.1

黑龙江省增值税专用发票

230061849 № 42768335

开票日期：2019年4月19日

购货单位	名称：哈尔滨荣智有限责任公司
	纳税人识别号：230105665511123
	地址、电话：哈尔滨市南岗区51号 0451-87697777
	开户行及账号：工行和兴支行 35000534168021

密码区

货物或应税劳务名称	规格型号	单位	数量	单价	金额	税率	税额
D材料		千克	200	380.00	76 000.00	13%	9 880.00
合计					76 000.00		9 880.00

价税合计(大写)：※捌万伍仟捌佰捌拾元整　　小写：¥85 880.00

销货单位	名称：鸿飞有限公司
	纳税人识别号：230871540657236
	地址、电话：哈尔滨江北路120号 0451-87962435
	开户行及账号：农行江北支行 15284769332

备注：鸿飞有限公司 230871540657236 发票专用章

收款人：　　复核：　　开票人：　　销货单位：（章）

附件4.13.2

银行承兑汇票　2　AB/01　1560241

出票日期（大写）：贰零壹玖年 零贰月 贰拾伍日

出票人全称	兴盛公司	收款人	全称	哈尔滨荣智有限责任公司
出票人账号	351018719205607		账号	35000534168021
付款行全称	工行香槟分理处		开户银行	工行和兴支行
出票金额	人民币(大写) 捌万伍仟元整			¥ 8 5 0 0 0 0 0
汇票到期日（大写）	贰零壹玖年零捌月贰拾伍日		行号	327
承兑协议编号		付款人开户行	地址	哈尔滨市香槟路52号

本汇票请你行承兑，到期无条件付款。

哈尔滨市兴盛公司财务专用章　　之刘印维　出票人签章

本汇票已经承兑，到期日由本行付款。

中国工商银行和兴支行 2019.4.   承兑行签章 承兑日 年 月 日 汇票专用章

复核　　记账

注：此件为银行承兑汇票复印件

附件 4.13.3

黑龙江省单位往来资金结算票据

批准机关	财政厅	
批准文号	黑财费（2012）5号	No011
批准日期	2012年1月5日	

2019年 4 月 19 日

交款单位	哈尔滨荣智有限责任公司	收据联
交款事项	购货款	
金　　额	人民币(大写)　捌佰捌拾元整　　￥ 880.00	

收款单位盖章　　　　　　　　　　收款人

（鸿飞有限公司　2019.4.19　现金收讫）

附件 4.13.4

收 料 单

发票号：42768335号　　　2019年 4 月 19 日　　　No007

供应单位	鸿飞有限公司		材料类别及编号			记账联
材料名称及规格	计量单位	数量		实际成本		
		发票数	实收数	发票价格	运杂费	合计	单价
D材料	千克	200	200	76 000		76 000	380
备　注							

核算　　　　　　保管　　　　　　检验　　　　　　交库

附件 4.14.1

附件 4.14.2

收 料 单

发票号：76183735号　　　　2019年 4 月 23 日　　　　No008

供应单位	顺康有限公司		材料类别及编号				记账联
材料名称及规格	计量单位	数量		实际成本			
		发票数	实收数	发票价格	运杂费	合计	单价
B材料	千克	200	200	40 000		40 000	200
备 注							

核算　　　　　保管　　　　　检验　　　　　交库

附件 4.15.1

业务委托书（收账通知）

2019年 4 月 25 日

业务类型	☑电汇		□信汇	□汇票申请书	□本票申请书	□其他	
汇款人	全 称	顺康有限公司		收款人	全 称	哈尔滨荣智有限公司	
	账号或地址	62873256			账号或地址	35000534168021	
	开户银行	工行前门办事处			开户银行	工行和兴支行	
金额（大写） 肆仟捌佰元整						亿千百十万千百十元角分 ¥ 4 8 0 0 0 0	
密 码			加急汇款签字		收款人开户行签章 中国工商银行 和兴支行 2019.4.25 业务清讫		
用 途		退回多余货款					
备 注							

事后监督： 会计主管： 复核： 记账：

附件 4.16.1

商业承兑汇票

出票日期（大写） 贰零壹玖 年 零肆 月 贰拾柒 日

收款人	全 称	哈尔滨荣智有限责任公司	付款人	全 称	哈尔滨市爱特公司
	账 号	35000534168021		账 号	2167509329
	开户行及账号	工行和兴支行		开户行及账号	工行建设办事处
汇票金额		人民币（大写）叁万捌仟柒佰元整			亿千百十万千百十元角分 ¥ 3 8 7 0 0 0 0
汇票到期日		贰零壹玖年零柒月贰拾柒日	交易合同号		331
本汇票已经承兑，到期无条件付款。 承兑人签章 承兑日期 年 月 日			哈尔滨市爱特公司财务专用章　　王新之印 出票人签章		

注：此件为商业承兑汇票复印件

附件 4.17.1

坏账准备计提表

2019 年 4 月 30 日

项目	期末账面余额	计提比例	应提准备数	账面已提数	应提（或冲减）数

第五章 职工薪酬会计岗位实训

5.1 职工薪酬会计岗位职责

（1）认真贯彻执行国家有关职工薪酬的政策、法规，会同企业有关部门制定本单位各项职工薪酬的具体标准、核算办法。

（2）按照国家有关政策法规和企业的具体规定，计算提取各项职工薪酬并组织发放或及时向有关部门交付。

（3）填制、审核原始凭证，对各项职工薪酬进行明细核算，并登记有关明细账。

（4）负责及时、准确地编制劳动工资方面的统计报表，提出有关的统计分析报告和改革建议。

5.2 职工薪酬会计岗位业务流程

职工薪酬会计岗位业务流程如图5.1所示。

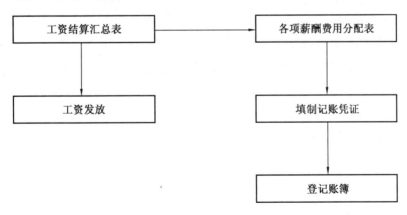

图 5.1 职工薪酬会计岗位业务流程图

5.3 职工薪酬会计岗位实训目的与要求

一、实训目的

通过本岗位的实训,使学生全面了解职工薪酬会计岗位的基本职责和业务流程;掌握职工薪酬的内容、各项目的计算、分配、结算基本方法;熟练掌握工资结算汇总表、各项薪酬费用分配表等原始凭证的填制;掌握应付职工薪酬明细账户的设置与登记方法。

二、实训要求

(1)补填原始凭证(附件 5.5.3、附件 5.5.4、附件 5.6.1)。
(2)根据经济业务编制记账凭证。
(3)设立、登记应付职工薪酬明细账,并进行结账。

5.4 职工薪酬会计岗位实训内容

一、企业基本情况

企业名称:黑龙江新乐有限责任公司
地址:哈尔滨市动力区 28 号
电话:79562111
经营范围:生产销售健身器材
注册资金:5 000 万元
纳税人登记号:230117906523777
开户银行及账号:建行工大支行 32916534186123

公司共有职工 130 人,直接参加生产的职工 70 人,车间管理人员 20 人,销售人员 20 人,其他管理人员 20 人。

公司医疗保险、基本养老保险、失业保险、住房公积金、工会经费和职工教育经费分别按照工资总额的 6%、20%、2%、8%、2%、1.5%提取。

二、实训资料

附件 5.1.1

501040209　　**黑龙江省增值税普通发票**　　№ 01972345

开票日期：2019年2月1日

购货单位	名称：	黑龙江新乐有限责任公司				密码区			
	纳税人识别号：	230117906523777							
	地址、电话：	哈尔滨市动力区28号0451-79562111							
	开户行及账号：	建行工大支行329-1653-4186123							

货物或应税劳务名称	规格型号	单位	数量	单价	金额	税率	税额
房屋租金					4 761.90	5%	238.10
合　计					4 761.90		238.10

价税合计(大写)	※伍仟元整	小写	¥5 000.00

销货单位	名称：	家乐有限公司	备注	2019.2.1 转账收讫
	纳税人识别号：	230109514721301		
	地址、电话：	哈尔滨市动力区18号0451-75917666		
	开户行及账号：	工行香顺办事处035-1010-7748565		

收款人：　　复核：孙月　　开票人：陈东华　　销货单位：（章）

附件 5.1.2

中国建设银行

转账支票存根

Ⅹ Ⅵ 487209

附加信息＿＿＿＿＿＿＿＿＿＿＿

＿＿＿＿＿＿＿＿＿＿

出票日期 2019年2月1日

收款人：	家乐有限公司
金　额：	5 000.00
用　途：	房租

单位主管　　　　　会计

附件 5.2.1

伙食补助发放明细

2019 年 2 月 2 日

部门	人数
生产部（生产工人）	70
生产部（管理人员）	20
销售部	20
行政事业部	20
合计	130

会计主管：　　　　　　　　　　制表：

附件 5.2.2

收　据

2019年2月2日　　　　　　　　　　No0231

交款单位		黑龙江新乐有限责任公司	
款项内容		2月份伙食补助（130人*60元/人）	
金额	人民币（大写）	柒仟捌佰元整	￥7,800.00

单位盖章　　　　会计主管　　　　出纳　　　审核　　　经办

第二联　交款单位

附件 5.3.1

解除劳动关系计划汇总表

2019 年 2 月 5 日

部门	职务	辞退人数	补偿金额（万元）
基本	车间副主任	1	10
生产	高级技工	5	35
车间	普通技工	15	60
合　计		21	105

会计主管：　　　　　　　　　　　　　　制表：

附件 5.4.1

关于给予张华生活困难补助的批示

基本生产车间职工张华生活困难，情况属实，公司决定给予其生活困难补助 900 元。

总经理：王明

2019 年 2 月 10 日

附件 5.4.2

职工困难补助报销单

2019年2月10日

职工姓名		张华	
补助内容		生活困难补助	
补助金额	人民币（大写）	玖佰元整	￥900.00

单位盖章　　　　　会计主管　　　　出纳　　　审核　　　经办

附件 5.5.1

工 资 结 算 汇 总 表

2019年2月15日

部门		应付工资	代 扣 款 项							实发工资
			养老保险	失业保险	医疗保险	住房公积金	房租	个人所得税	合计	
基本生产车间	生产工人	175 000.00	14 000.00	3 500.00	10 500.00	14 000.00	3 500.00	16.00	45 516.00	129 484.00
	管理人员	70 000.00	5 600.00	1 400.00	4 200.00	5 600.00	800.00	35.00	17 635.00	52 365.00
	合计	245 000.00	19 600.00	4 900.00	14 700.00	19 600.00	4 300.00	51.00	63 151.00	181 849.00
机修车间		26 000.00	2 080.00	520.00	1 560.00	2 080.00	700.00	7.00	6 947.00	19 053.00
销售部门		104 000.00	8 320.00	2 080.00	6 240.00	8 320.00	1 500.00	728.00	27 188.00	76 812.00
管理部门		82 000.00	6 560.00	1 640.00	4 920.00	6 560.00	500.00	58.00	20 238.00	61 762.00
总计		457 000.00	36 560.00	9 140.00	27 420.00	36 560.00	7 000.00	844.00	117 524.00	339 476.00

会计主管：　　　　　　　复核：　　　　　　　制表：

附件 5.5.2

基本生产车间产品耗用工时报告表

2019 年 2 月

产　品	生产耗用工时	备　注
A 产品	13 000	
B 产品	7 000	
合　计	20 000	

会计主管：　　　　　　　　复核：　　　　　　　　制单：

附件 5.5.3

生产工人工资费用分配表

2019 年 2 月 15 日

部　门	生产耗用工时	分配率	分配额
A 产品生产工人	13 000		
B 产品生产工人	7 000		
合　计			

会计主管：　　　　　　　　复核：　　　　　　　　制表：

附件 5.5.4

住房公积金、社会保险、设定提存计划、工会经费等计算表

2019 年 2 月 15 日

部 门	工资总额	住房公积金（8%）	养老保险（20%）	失业保险（2%）	医疗保险（6%）	工会经费（2%）	职工教育经费（1.5%）	合 计
A 产品生产工人								
B 产品生产工人								
基本生产车间管理人员								
机修车间人员								
销售部门人员								
企业管理部门人员								
合 计								

会计主管： 　　　　　　　　　　复核： 　　　　　　　　　　制表：

附件 5.6.1

代扣款项结转表

2019 年 2 月 15 日

贷记科目	养老保险	失业保险	医疗保险	住房公积金	代扣房租	个人所得税	合 计
合 计							

会计主管： 　　　　　　　　　　复核： 　　　　　　　　　　制单：

附件 5.7.1

中国建设银行

现金支票存根

Ⅹ Ⅵ 947159

附加信息 _____

_____

出票日期 2019年2月16日
收款人：黑龙江新乐有限责任公司
金　额：339 476.00
用　途：工资

单位主管　　　会计

附件 5.8.1

中国建设银行

转账支票存根

Ⅹ Ⅵ 487216

附加信息 _____

_____

出票日期 2019年2月17日
收款人：黑龙江新乐有限公司工会
金　额：5 484.00
用　途：支付工会经费

单位主管　　　会计

附件 5.8.2

工会经费收入专用收据

版本号：国财01602　　开具日期：2019年02月20日　　发票号码：0000000201

缴款单位：黑龙江新乐有限责任公司			
工会经费收入项目	内　容	金　额	备　注
会费收入	2019年2月份	5 484.00	
金额合计（大写）：伍仟肆佰捌拾肆元整		￥5 484.00	

（盖章：黑龙江新乐有限公司工会 2019.2.20 转账收讫）

开票人：

附件 5.8.3

税收通用缴款书

隶属关系：　　　　　　　　　　　　　　№ 0356497

注册类型：　　　填发日期：2019年2月17日　　征收机关：动力税务局

缴款单位（人）	代　码	230117906523777	预算科目	编码	
	全　称	黑龙江新乐有限责任公司		名称	工会经费
	开户银行	建行工大支行		级次	
	账　号	32916534186123		收款国库	工行动力区支行
税款所属时期	2019年1月1-31日		税款限缴时期	2019年2月20日	
税种名称	课税数量	计税金额或销售收入	税率或单位税额	已缴或扣除额	实缴金额
					3 656.00
金额合计	（大写）叁仟陆佰伍拾陆元整				
缴款单位（人）（盖章）郑新印 经办人（章）	填票人（章）	税务机关（盖章）征税专用章	中国工商银行和兴支行 上列款项已收妥并划转收款单位帐户 2019.2.17 业务清讫 国库（银行）盖章		备注

第一联（收据）国库收款盖章后退缴款单位作完税

附件 5.9.1

税收通用缴款书

№ 0356497

隶属关系：						
注册类型：		填发日期：2019年2月17日		征收机关：动力税务局		
缴款单位（人）	代　码	230117906523777	预算科目	编码	1038201	
	全　称	黑龙江新乐有限责任公司		名称	养老保险	
	开户银行	建行工大支行		级次	地市100%	
	账　号	32916534186123		收款国库	工行动力区支行	
税款所属时期		2019年1月1-31日	税款限缴时期		2019年2月20日	
品目名称	课税数量	计税金额或销售收入	税率或单位税额	已缴或扣除额	实缴金额	
养老保险					127 960.00	
金额合计	（大写）壹拾贰万柒仟玖佰陆拾元整					
缴款单位（人）（盖章）郑新印	税务机关（盖章）征税专用章		上列款项已收妥并划转收款单位账户 2019.2.17 中国工商银行和兴支行 业务公章		备注	
经办人（章）	填票人（章）		国库（银行）盖章			

附件 5.9.2

税收通用缴款书

№ 0356497

隶属关系：						
注册类型：		填发日期：2019年2月17日		征收机关：动力税务局		
缴款单位（人）	代　码	230117906523777	预算科目	编码	1038301	
	全　称	黑龙江新乐有限责任公司		名称	失业保险	
	开户银行	建行工大支行		级次	地市100%	
	账　号	32916534186123		收款国库	工行动力区支行	
税款所属时期		2019年1月1-31日	税款限缴时期		2019年2月20日	
品目名称	课税数量	计税金额或销售收入	税率或单位税额	已缴或扣除额	实缴金额	
失业保险					18 280.00	
金额合计	（大写）壹万捌仟贰佰捌拾元整					
缴款单位（人）（盖章）郑新印	税务机关（盖章）征税专用章		上列款项已收妥并划转收款单位账户 2019.2.17 中国工商银行和兴支行 业务公章		备注	
经办人（章）	填票人（章）		国库（银行）盖章			

附件 5.9.3

黑龙江省医疗保险缴费收据

批准机关	黑龙江省财政厅
批准文号	黑财费【2015】7号
批准日期	2015年10月10日

2019年2月17日　　　　财乙（12）　　No 4695508

缴款单位名称	黑龙江新乐有限责任公司			单位代码：	
缴纳金额	人民币（大写）：伍万肆仟捌佰肆拾元整			￥54 840.00	
缴款项目	金额	缴纳月份	滞纳金		
险种：医疗					
基本医疗单位缴	27 095.00				
基本医疗个人缴	27 095.00				
大病单位缴	325.00			哈尔滨市医疗	
大病个人缴	325.00	201902	0.00	保险管理中心	
公务员补助	0.00				
劳模应缴	0.00			收款人：	
特诊费	0.00				
合　计	54 840.00			收款单位盖章	

（二收据）

附件 5.10.1

住房公积金缴存回单

2019年2月21日　　　　No：总：0090500　分：002970

缴存单位	单位全称	黑龙江新乐有限责任公司	收款单位	哈尔滨市住房公积金管理中心
	付款账号	32916534186123		801905017003745
	开户银行	建行工大支行		建行
汇（补）缴金额人民币（大写）	柒万叁仟壹佰贰拾元整			￥73 120.00
汇（补）缴凭证号	本月实缴金额	上月暂存款余额	本月应缴金额	本月暂存款余额
1489180	73 120.00	0.00	73 120.00	0.00
单位公积金账号	201047005692			
摘要	缴纳2019年01月		上列款项以付款银行实际划转日期为准 经办网点盖章	

附件 5.11.1

销售产品出库单

购货单位：　　　　　　　　　2019-2-23　　　　　　　　　编　号：218

产品编号	产品名称	型号规格	单位	数量	单位成本	总成本	备注
			件	130	700.00	91 000.00	职工春节福利
备　注	该产品目前售价1 000元(不含税)		结算方式		运输方式		

第三联　财务记录

部长：　　　　　　　　　　发货：　　　　　　　　　　制单：

附件 5.11.2

春节福利发放明细

2019年2月23日

部门	人数
生产部（生产工人）	70
生产部（管理人员）	20
销售部	20
行政事业部	20
合计	130

会计主管：　　　　　　　　　制表：

附件 5.12.1

固定资产折旧计算表

2019 年 2 月 25 日

固定资产名称	使用部门	原值	月折旧率	折旧额
轿车	4 位副总裁专用	1 500 000.00	0.8%	12 000.00
合计				

会计主管： 复核： 制表：

附件 5.13.1

8273161 黑龙江省增值税普通发票 № 07895014

开票日期： 2019年2月26日

购货单位	名　　称：黑龙江新乐有限责任公司	密码区	
	纳税人识别号：230117906523777		
	地址、电话：哈尔滨市动力区28号0451-79562111		
	开户行及账号：建行工大支行329-1653-4186123		

货物或应税劳务名称	规格型号	单位	数量	单价	金额	税率	税额
日用品					3 982.30	13%	517.70
合　计					3 982.30		517.70

价税合计(大写)	※肆仟伍佰伍拾元整	小写	4 550.00

销货单位	名　　称：哈尔滨家乐福有限公司	备注	哈尔滨家乐福有限公司 234567890111444 发票专用章
	纳税人识别号：234567890111444		
	地址、电话：哈尔滨市香坊区53号0451-61351829		
	开户行及账号：工行和兴路办035-1110-62324578		

收款人：王苗　　复核：张乐　　开票人：赵开　　销货单位：（章）

附件 5.13.2

职工福利用品发放明细

2019 年 2 月 26 日

部 门	人 数
生产部（生产工人）	70
生产部（管理人员）	20
销售部	20
行政事业部	20
合 计	130

会计主管：　　　　　　　　　　制表：

第六章 成本核算会计岗位实训

6.1 成本核算会计岗位职责

(1) 拟定成本核算办法,制定成本费用计划,负责成本管理基础工作。
(2) 核算各种生产费用和生产成本,登记有关成本明细账。
(3) 编制成本费用报表并进行分析。
(4) 协助管理在产品和自制半成品。

6.2 成本核算会计岗位业务流程

成本核算会计岗位业务流程如图 6.1 所示。

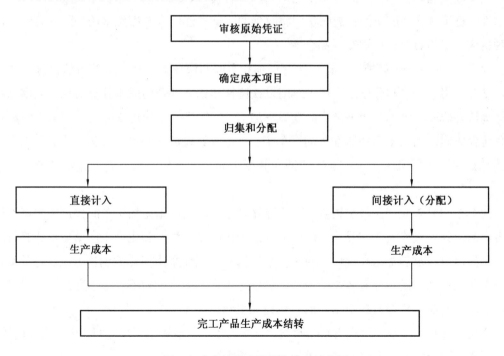

图 6.1 成本核算会计岗位业务流程图

6.3 成本核算会计岗位实训目的与要求

一、实训目的

通过本岗位的实训,使学生全面了解成本核算会计岗位的基本职责和业务流程;掌握各项要素费用、辅助生产费用以及制造费用的归集和分配方法;掌握完工产品成本的确定和结转方法;熟练掌握相关明细账户的设置与登记方法。

二、实训要求

(1) 补填原始凭证。

(2) 根据经济业务编制记账凭证。

(3) 设立、登记生产成本、制造费用账户,并进行对账与结账。

6.4 成本核算会计岗位实训内容

一、企业基本情况

申华机械制造有限公司为单件小批生产的企业,生产过程分为铸工、加工(下设两个生产车间)和装配三个步骤,从事 CA-A 车床、Z3050 钻床和 TPX6211 铣镗床的生产。另外设有机修和供汽两个辅助生产车间。与成本核算相关的规定如下:

(1) 生产工艺流程:铸工车间根据生产计划浇铸各种铁、铝铸件,经检验合格后送交自制半成品仓库;加工车间分别从仓库领用各种铸件,经不同工序加工制成各种不同的零部件,直接送交装配车间;装配车间将收到的零部件连同由仓库领来的外购件等组装成各种机床,经检验合格后送交成品仓库。

(2) 产品成本计算规程:该厂实行厂部和车间两级核算,成本计算方法以分步法为主,结合运用品种法和分批法。铸工车间以铁铸件和铝铸件作为成本计算对象,采用品种法计算铸件成本;铸工车间→半成品仓库→加工车间之间,采用逐步综合结转的方法结转各种铸件成本;加工车间和装配车间以车床、钻床和铣镗床三种产品作为成本计算对象,采用分批法计算各机床成本;加工车间和装配车间之间采用平行结转的方法结转产品成本。

铸工车间月末在产品数量很少,故不计算月末在产品成本。加工车间按定额比例法计算各产品应计入最终完工产品成本的份额,由于在产品的种类和生产工序繁多,计算月末在产品的原材料定额费用和定额工时工作量很繁重,因而采用简化的倒挤方法进行计算。装配车间按约当产量法计算各产品应计入最终完工产品成本的份额,由于直接材料费用数额较大,在产品只负担材料费用,而不负担加工费用。

为简化核算,成本项目只设直接材料、直接人工、制造费用三大项目。半成品(铸件)按实际成本计价,发出半成品成本采用月末一次加权平均法。

（3）各项间接费用分配方法：外购水电费按耗用数量比例分配；辅助生产费用按计划成本分配方法分配，成本差异计入管理费用；铸工车间间接材料费用按铸件重量比例分配；装配车间间接材料费用按各产品本期直接材料实际费用比例分配；基本生产车间其他间接费用均按各产品实用工时比例分配。

（4）各项间接费用分配标准：铸工车间铸件重量——铁铸件 42 850 千克，铝铸件 2 950 千克。其他分配标准在业务中提供。

2018 年 10 月份有关成本资料如表 6.1、表 6.2、表 6.3、表 6.4 所示。

表 6.1 生产工时情况统计表

2019 年 10 月

铸件名称	铸工车间	车间别 / 产品名称	加工（1）车间	加工（2）车间	装配车间
铁铸件	7820	CA-A 车床	4450	3900	2700
铝铸件	3680	Z3050 钻床	2180	1640	2140
合计	11500	TPX6211 铣镗床	1870	7360	1860
		合计	8500	12900	6700

主管：　　　　　　审核：　　　　　　制表：

表 6.2 装配车间在产品数量及投料程序表

2019 年 10 月

产品名称	计量单位	月初在产品	本月投入	本月完工	月末在产品	投料程度
CA-A 车床	台	1	4	4	1	95%
Z3050 钻床	台	2	4	4	2	90%
TPX6211 铣镗床	台	1	3	3	1	95%

主管：　　　　　　审核：　　　　　　制表：

表 6.3 加工车间各产品有关定额资料

2019 年 10 月

车间份额		月初在产品		本月投入		完工产品车间份额				
		定额直接材料	定额工时	定额直接材料费用	定额工时	单位定额		产量（台）	定额直接材料费用	定额工时
						直接材料	工时			
加工（Ⅰ）车间	CA-A 车床	64 750	3 640	45 250	2 140	19 562.5	1 130	4	78 250	4 520
	Z3050 钻床	21 240	600	102 760	2 800	20 712.5	550	4	82 850	2 200
	TPX6211 铣镗床	35 450	1 240	36 750	1 310	18 050	630	3	54 150	1 890
	合 计	121 440	5 480	184 760	6 250				215 250	8 610
加工（Ⅱ）车间	CA-A 车床	110 245	3 750	72 075	2 650	35 070	980	4	140 280	3 920
	Z3050 钻床	18 340	720	81 260	2 160	15 362.5	420	4	61 450	1 680
	TPX6211 铣镗床	32 370	1 260	34 130	1 320	16 250	620	3	48 750	1 860
	合 计	160 955	5 730	187 465	6 130				250 480	7 460

表 6.4 10 月初在产品成本表

车间及产品		直接材料	直接人工	制造费用	合 计
加工（Ⅰ）车间	CA-A 车床	80 486.64	20 382.97	15 022.00	115 891.61
	Z3050 钻床	87 495.74	11 523.39	9 349.20	108 368.33
	TPX6211 铣镗床	59 462.42	11 277.57	11 872.80	82 612.79
	小 计	227 444.80	43 183.93	36 244.00	306 872.73
加工（Ⅱ）车间	CA-A 车床	132 480.66	21 247.78	23 870.00	177 598.44
	Z3050 钻床	81 237.29	11 821.53	13 316.00	106 374.82
	TPX6211 铣镗床	42 798.45	6 884.9	5 836.00	55 519.35
	小 计	256 516.40	39 954.21	43 022.00	339 492.61
装配车间	CA-A 车床	42 943.00	—		42 943.00
	Z3050 钻床	20 383.08	—		20 383.08
	TPX6211 铣镗床	15 534.57	—		15 534.57
	小 计	78 860.65			78 860.65
合 计		562 821.85	83 138.14	79 266.00	725 225.99

二、实训资料

附件6.1.1

发料凭证汇总表（一）
2019年10月

应借账户	应贷账户	原料及主要材料		辅助材料				原材料 - 外购半成品		修理用备件		燃料				合计	
		计划成本	成本差异(差异率2%)	间接材料计划成本	直接材料计划成本	计划成本小计	成本差异	计划成本	成本差异	计划成本	成本差异	间接材料计划成本	直接材料计划成本	计划成本小计	成本差异	计划成本	成本差异
基本生产																	
铸工车间	铁铸件	12 900	258														
	铝铸件	30 000	600														
	小计	42 900	858									4 580		4 580	137.40		
加工(I)车间	CA-A车床	25 600	512														
	Z3050钻床	19 950	399														
	PX6211铣镗床	8 450	169														
	小计	54 000	1 080														
加工(II)车间	CA-A车床	24 800	496														
	Z3050钻床	20 600	412														
	PX6211铣镗床	9 800	196														
	小计	55 200	1 104														
装配车间	CA-A车床			3 838.33		3 838.33		69 850	-1 397								
	Z3050钻床							32 560	-651.20								
	PX6211铣镗床							26 840	-536.80								
	小计			3 838.33	2 000	5 838.33	-38.38	129 250	-2 585								
	合计	152 100	3 042	3 838.33	2 000	5 838.33	-58.38	129 250	-2 585								
辅助生产																	
	机修车间	1 690	33.80		500	500	-5			387.10	3.87						
	供汽车间												6 018	6 018	180.54		
	合计	1 690	33.80		500	500	-5			387.10	3.87		6 018	6 018	180.54		
总计		153 790	3 075.80	3 838.33	2 500	6 338.33	-63.38	129 250	-2 585	387.10	3.87	4 580	6 018	10 598	317.94	300 363.43	749.23

主管： 审核： 制表：

附件 6.1.2

发料凭证汇总表(二)

2019 年 10 月

<table>
<tr><th colspan="2" rowspan="2">应贷账户
应借账户</th><th colspan="2">原材料（辅助材料）</th><th colspan="2">低值易耗品（劳保用品）</th><th colspan="2">合　计</th></tr>
<tr><th>计划成本</th><th>成本差异
（差异率
-1%）</th><th>计划成本</th><th>成本差异
（差异率
1%）</th><th>计划成本</th><th>成本差异</th></tr>
<tr><td rowspan="8">制造费用</td><td>铸工车间</td><td>260.00</td><td>-2.60</td><td>26.59</td><td>0.27</td><td>286.59</td><td>-2.33</td></tr>
<tr><td>加工（Ⅰ）车间</td><td>200.00</td><td>-2</td><td>77.52</td><td>0.78</td><td>277.52</td><td>-1.22</td></tr>
<tr><td>加工（Ⅱ）车间</td><td>250.00</td><td>-2.50</td><td>64.90</td><td>0.65</td><td>314.90</td><td>-1.85</td></tr>
<tr><td>装配车间</td><td>200.00</td><td>-2</td><td>52.45</td><td>0.52</td><td>252.45</td><td>-1.48</td></tr>
<tr><td>机修车间</td><td>400.00</td><td>-4</td><td>21.95</td><td>0.22</td><td>421.95</td><td>-3.78</td></tr>
<tr><td>供汽车间</td><td>250.00</td><td>-2.50</td><td>18.80</td><td>0.19</td><td>268.80</td><td>-2.31</td></tr>
<tr><td>小计</td><td>1 560.00</td><td>-15.60</td><td>262.21</td><td>2.63</td><td>1 822.21</td><td>-12.97</td></tr>
<tr><td>管理部门</td><td>200.00</td><td>-2</td><td>40.00</td><td>0.40</td><td>240</td><td>-1.60</td></tr>
<tr><td colspan="2">合　计</td><td>1 760.00</td><td>-17.60</td><td>302.21</td><td>3.03</td><td>2 062.21</td><td>-14.57</td></tr>
</table>

主管：　　　　　　　审核：　　　　　　　制表：

附件 6.1.3

基本生产车间间接材料费用分配表

车间：　　　　　　　　　　2019 年 10 月

分配对象	分配标准	分配率	分配金额

主管：　　　　　　　审核：　　　　　　　制表：

附件 6.1.4

基本生产车间间接材料费用分配表

车间： 2019 年 10 月

分配对象	分配标准	分配率	分配金额

主管： 审核： 制表：

附件 6.2.1

固定资产折旧计算表

2019 年 10 月　　　　　　　　　　　单位：元

使用单位和固定资产类别		上月已提折旧额	上月增加的固定资产应计提的折旧额	上月减少的固定资产应计提的折旧额	本月应计提折旧额
铸工车间	厂房	1 202.32	160.00		
铸工车间	机器设备	1 239.28	400.00	640.00	
铸工车间	小计	2 441.60	560.00	640.00	
加工（Ⅰ）车间		4 510.99		1 000.00	
加工（Ⅱ）车间		4 004.94	140.00		
装配车间		2 781.52			
机修车间		2 034.11			
供汽车间		1 622.77			
公司管理部门		5 550.38			
合　　计		22 946.31	700.00	1 640.00	

主管： 审核： 制表：

附件 6.3.1

外购水费分配表

2019 年 10 月

车间、部门		用水数量（吨）	分配金额（分配率：　　）
生产车间	铸工车间	2 100	
	加工（Ⅰ）车间	1 800	
	加工（Ⅱ）车间	1 950	
	装配车间	2 050	
	机修车间	1 200	
	供汽车间	1 350	
公司管理部门		2 850	
合计		13 300	7 980

主管：　　　　　　　　审核：　　　　　　　　制表：

附件 6.4.1

工资及奖金汇总表

2019 年 10 月

车间或部门		生产工人			管理人员			合　计		
		工资	奖金	小计	工资	奖金	小计	工资	奖金	工资及奖金
生产车间	铸工车间	11 436.00	1 601.04	13 037.04	1 540.00	215.60	1 755.60			
	加工（Ⅰ）车间	9 428.57	1 320.00	10 748.57	1 370.00	191.80	1 561.80			
	加工（Ⅱ）车间	9 842.80	1 377.99	11 220.79	1 150.00	161.00	1 311.00			
	装配车间	6 534.50	914.83	7 449.33	794.00	111.16	905.16			
	机修车间	5 218.40	730.58	5 948.98	325.00	45.50	370.50			
	供汽车间	4 765.20	667.13	5 432.33	480.00	67.20	547.20			
	小计	47 225.47	6 611.57	53 837.04	5 659.00	792.26	6 451.26			
管理部门		—	—	—	13 540.00	1 895.60	15 435.60			
合　计		47 225.47	6 611.57	53 837.04	19 199.00	2 687.86	21 886.86			

主管：　　　　　　　　审核：　　　　　　　　制表：

附件 6.4.2

外购电费分配表

2019 年 10 月

车间、部门		动力用电		照明用电	
		用电度数	分配金额（分配率：　）	用电度数	分配金额（分配率：　）
生产车间	铸工车间	10 420		4 500	
	加工（Ⅰ）车间	15 340		4 700	
	加工（Ⅱ）车间	14 810		4 800	
	装配车间	11 230		4 400	
	机修车间	4 870		3 100	
	供汽车间	7 300		3 050	
公司管理部门		—		23 950	
合计		63 970	11 514.6	48 500	12 610

主管：　　　　　　　　　　审核：　　　　　　　　　制表：

附件 6.4.3

辅助生产供应劳务数量汇总表

2019 年 10 月

耗用单位	劳务项目		备注
	汽（吨）	修理（工时）	
供汽车间：一般消耗		190	
机修车间：一般消耗	130		
铸工车间：产品消耗	1 020		
一般耗用	440	1 200	
加工（Ⅰ）车间：产品耗用	1 020		计划单位成本：
一般耗用	440	1 140	汽 4.50 元/吨
加工（Ⅱ）车间：产品消耗	980		修理 2.40 元/工时
一般耗用	450	1 260	
装配车间：产品消耗	1 000		
一般耗用	420	1 170	
公司管理部门	350	2 580	
小计	6 250	7 540	

主管：　　　　　　　　　　审核：　　　　　　　　　制表：

附件 6.4.4

基本生产车间加工费用分配表

车间：　　　　　　　　　　2019 年 10 月

分配对象 （产品名称）	分配标准 （实用工时）	间接加工费		
		动力费 （分配率：　）	蒸汽费 （分配率：　）	工资费用 （分配率：　）
合计				

主管：　　　　　　　　审核：　　　　　　　　制表：

附件 6.4.5

基本生产车间加工费用分配表

车间：　　　　　　　　　　2019 年 10 月

分配对象 （产品名称）	分配标准 （实用工时）	间接加工费		
		动力费 （分配率：　）	蒸汽费 （分配率：　）	工资费用 （分配率：　）
合计				

主管：　　　　　　　　审核：　　　　　　　　制表：

附件 6.4.6

基本生产车间加工费用分配表

车间：　　　　　　　　　　2019 年 10 月

分配对象 （产品名称）	分配标准 （实用工时）	间接加工费		
		动力费 （分配率：　）	蒸汽费 （分配率：　）	工资费用 （分配率：　）
合计				

主管：　　　　　　　审核：　　　　　　　制表：

附件 6.4.7

基本生产车间加工费用分配表

车间：　　　　　　　　　　2019 年 10 月

分配对象 （产品名称）	分配标准 （实用工时）	间接加工费		
		动力费 （分配率：　）	蒸汽费 （分配率：　）	工资费用 （分配率：　）
合计				

主管：　　　　　　　审核：　　　　　　　制表：

附件 6.4.8

辅助生产费用分配表

（计划成本分配法）

辅助生产车间名称			供气车间	机修车间	合计
待分配费用			28 089.00	17 161.00	45 250.00
供应劳务数量					
计划单位成本					
辅助生产	供气	耗用数量			
		分配金额			
	机修	耗用数量			
		分配金额			
基本生产车间产品耗用	铸工车间	耗用数量			
		分配金额			
	加工（Ⅰ）车间	耗用数量			
		分配金额			
	加工（Ⅱ）车间	耗用数量			
		分配金额			
	装配车间	耗用数量			
		分配金额			
基本生产车间一般耗用	铸工车间	耗用数量			
		分配金额			
	加工（Ⅰ）车间	耗用数量			
		分配金额			
	加工（Ⅱ）车间	耗用数量			
		分配金额			
	装配车间	耗用数量			
		分配金额			
公司管理部门		耗用数量			
		分配金额			
按计划成本分配金额合计					
辅助生产实际成本					
辅助生产成本差异					

主管： 审核： 制表：

附件 6.5.1

铸工车间制造费用明细账

月	日	办公费	工资	奖金	消耗材料	折旧费	修理费	照明费	水费	汽费	其他	合计	转出	余额
5	31	850					2 880				338.54	12 880	12 880	0

附件 6.5.2

加工（I）车间制造费用明细账

月	日	办公费	工资	奖金	消耗材料	折旧费	修理费	照明费	水费	汽费	其他	合计	转出	余额
5	31	440					2 736				452.91	13 260	13 260	0

附件 6.5.3

加工（II）车间制造费用明细账

月	日	办公费	工资	奖金	消耗材料	折旧费	修理费	照明费	水费	汽费	其他	合计	转出	余额
5	31	420					3 024				534.01	14 190	14 190	0

附件 6.5.4

装配车间制造费用明细账

月	日	办公费	工资	奖金	消耗材料	折旧费	修理费	照明费	水费	汽费	其他	合计	转出	余额
5	31	560					2 808				155.35	11 725	11 725	0

附件 6.5.5

制造费用分配表

车间： 2019 年 10 月

分配对象（产品名称）	分配标准（实用工时）	分配率	分配金额
合计			

主管： 审核： 制表：

附件 6.5.6

制造费用分配表

车间： 2019 年 10 月

分配对象（产品名称）	分配标准（实用工时）	分配率	分配金额
合计			

主管： 审核： 制表：

附件 6.5.7

制造费用分配表

车间：　　　　　　　　　2019 年 10 月

分配对象 （产品名称）	分配标准 （实用工时）	分配率	分配金额
合计			

主管：　　　　　　　审核：　　　　　　　制表：

附件 6.5.8

制造费用分配表

车间：　　　　　　　　　2019 年 10 月

分配对象 （产品名称）	分配标准 （实用工时）	分配率	分配金额
合计			

主管：　　　　　　　审核：　　　　　　　制表：

附件 6.6.1

铸工车间成本计算表

铸件名称：　　　　　　　　2019 年 10 月　　　　　　　　产量：

项目		直接材料	直接人工	制造费用	合计
月初在产品成本					
本月生产费用					
生产费用累计					
完工铸件	总成本				
	单位成本				
月末在产品成本					

主管：　　　　　　　审核：　　　　　　　制表：

附件 6.6.2

铸工车间成本计算表

铸件名称：　　　　　　　　2019 年 10 月　　　　　　　　产量：

项目		直接材料	直接人工	制造费用	合计
月初在产品成本					
本月生产费用					
生产费用累计					
完工铸件	总成本				
	单位成本				
月末在产品成本					

主管：　　　　　　　审核：　　　　　　　制表：

附件 6.6.3

完工铸件成本汇总表

2019 年 10 月

铸件名称	计量单位	数量	直接材料	直接人工	制造费用	合计
合计						

主管：　　　　　　　审核：　　　　　　　制表：

附件 6.7.1

半成品（铸件）发出汇总表

2019 年 10 月

领用单位	产品名称	铁铸件			铝铸件			合计
		数量	单位成本	总成本	数量	单位成本	总成本	
加工（I）车间	车床	6 000		5 778	500		6 975	12 753
	钻床	5 000		4 815	500		6 975	11 790
	铣镗床	2 000		1 926	300		4 185	6 111
	小计	13 000	0.963	12 519	1 300	13.95	18 135	30 654
加工（II）车间	车床	70 00		6 741	600		8 370	15 111
	钻床	5 000		4 815	400		5 580	10 395
	铣镗床	3 000		2 889	200		2 790	5 679
	小计	15 000	0.963	14 445	1 200	13.95	16 740	31 185
合计		28 000		26 964	2 500		34 875	61 839

主管：　　　　　　　　　　审核：　　　　　　　　　　制表：

附件 6.8.1

加工车间成本计算表

车间：　　　　　　　　2019 年 10 月　　　　　　　　产品：

项目	直接材料		定额工时	直接人工	制造费用	合计
	定额	实际				
月初在产品成本						
本月生产费用						
生产费用累计						
费用分配率						
计入产成品成本份额						
月末在产品成本						

主管：　　　　　　　　　　审核：　　　　　　　　　　制表：

附件 6.8.2

加工车间成本计算表

车间：　　　　　　　2019 年 10 月　　　　　　　产品：

项目	直接材料		定额工时	直接人工	制造费用	合计
	定额	实际				
月初在产品成本						
本月生产费用						
生产费用累计						
费用分配率						
计入产成品成本份额						
月末在产品成本						

主管：　　　　　　　审核：　　　　　　　制表：

附件 6.8.3

加工车间成本计算表

车间：　　　　　　　2019 年 10 月　　　　　　　产品：

项目	直接材料		定额工时	直接人工	制造费用	合计
	定额	实际				
月初在产品成本						
本月生产费用						
生产费用累计						
费用分配率						
计入产成品成本份额						
月末在产品成本						

主管：　　　　　　　审核：　　　　　　　制表：

附件 6.8.4

加工车间计入产成品成本份额汇总表

车间名称： 2019 年 10 月 单位：元

产品名称	成本项目			
	直接材料	直接人工	制造费用	合计
合计				

主管： 审核： 制表：

附件 6.8.5

加工车间成本计算表

车间： 2019 年 10 月 产品：

项目	直接材料		定额工时	直接人工	制造费用	合计
	定额	实际				
月初在产品成本						
本月生产费用						
生产费用累计						
费用分配率						
计入产成品成本份额						
月末在产品成本						

主管： 审核： 制表：

附件 6.8.6

加工车间成本计算表

车间：　　　　　　　　2019 年 10 月　　　　　　　　产品：

项目	直接材料		定额工时	直接人工	制造费用	合计
	定额	实际				
月初在产品成本						
本月生产费用						
生产费用累计						
费用分配率						
计入产成品成本份额						
月末在产品成本						

主管：　　　　　　　审核：　　　　　　　制表：

附件 6.8.7

加工车间成本计算表

车间：　　　　　　　　2019 年 10 月　　　　　　　　产品：

项目	直接材料		定额工时	直接人工	制造费用	合计
	定额	实际				
月初在产品成本						
本月生产费用						
生产费用累计						
费用分配率						
计入产成品成本份额						
月末在产品成本						

主管：　　　　　　　审核：　　　　　　　制表：

附件 6.8.8

加工车间计入产成品成本份额汇总表

车间名称：　　　　　　　　2019 年 10 月　　　　　　　　单位：元

产品名称	成本项目			
	直接材料	直接人工	制造费用	合计
合计				

主管：　　　　　　　审核：　　　　　　　制表：

附件 6.8.9

装配车间成本计算表

产品：　　　　　　　　2019 年 10 月　　　　　　　　产量：

项目	直接材料	直接人工	制造费用	合计
月初在产品成本				
本月生产费用				
生产费用累计				
费用分配率				
计入产成品成本份额				
月末在产品成本				

主管：　　　　　　　审核：　　　　　　　制表：

附件 6.8.10

装配车间成本计算表

产品：　　　　　　　　2019 年 10 月　　　　　　　　产量：

项目	直接材料	直接人工	制造费用	合计
月初在产品成本				
本月生产费用				
生产费用累计				
费用分配率				
计入产成品成本份额				
月末在产品成本				

主管：　　　　　　审核：　　　　　　制表：

附件 6.8.11

装配车间成本计算表

产品：　　　　　　　　2019 年 10 月　　　　　　　　产量：

项目	直接材料	直接人工	制造费用	合计
月初在产品成本				
本月生产费用				
生产费用累计				
费用分配率				
计入产成品成本份额				
月末在产品成本				

主管：　　　　　　审核：　　　　　　制表：

附件 6.8.12

装配车间计入产成品成本份额汇总表

车间名称：　　　　　　　2019 年 10 月　　　　　　　单位：元

产品名称	成本项目			
	直接材料	直接人工	制造费用	合计
合计				

主管：　　　　　　　审核：　　　　　　　制表：

附件 6.8.13

产成品成本汇总表

产品：　　　　　　　2019 年 10 月　　　　　　　产量：

项目	直接材料	直接人工	制造费用	合计
加工（Ⅰ）车间				
加工（Ⅱ）车间				
装配车间				
总成本				
单位成本				

主管：　　　　　　　审核：　　　　　　　制表：

附件 6.8.14

产成品成本汇总表

产品：　　　　　　　　　2019 年 10 月　　　　　　　　产量：

项目	直接材料	直接人工	制造费用	合计
加工（Ⅰ）车间				
加工（Ⅱ）车间				
装配车间				
总成本				
单位成本				

主管：　　　　　　　　审核：　　　　　　　　制表：

附件 6.8.15

产成品成本汇总表

产品：　　　　　　　　　2019 年 10 月　　　　　　　　产量：

项目	直接材料	直接人工	制造费用	合计
加工（Ⅰ）车间				
加工（Ⅱ）车间				
装配车间				
总成本				
单位成本				

主管：　　　　　　　　审核：　　　　　　　　制表：

附件 6.8.16

产成品入库单

交库单位：装配车间　　　　　2019 年 10 月 31 日　　　　　单号：01234

产品名称	型号规格	单位	数量	检验结果		实收数量	金额
				合格	不合格		
车床	CA-A	台	4	4		4	
钻床	Z3050	台	4	4		4	
铣镗床	TPX6211	台	3	3		3	

车间主任：　　　　　　　检验：　　　　　　　仓库验收：

附件 6.8.17

产成品入库汇总表

2019 年 10 月　　　　　　　　　　　　　　单位：元

产品名称	型号规格	计量单位	数量	单位成本	总成本

主管：　　　　　　　审核：　　　　　　　制表：

第七章 财务成果核算会计岗位实训

7.1 财务成果核算会计岗位职责

（1）参与企业的收入、费用、利润计划的制订，并监督执行。

（2）正确确认、计量收入和费用，进行营业收入、营业成本、税金及附加、期间费用、其他各项收支、利润及利润分配的核算，并登记有关明细账。

（3）编制收入、费用、利润报表，进行收入、费用、利润的分析和考核。

7.2 财务成果核算会计岗位业务流程

财务成果核算会计岗位业务流程如图 7.1 所示。

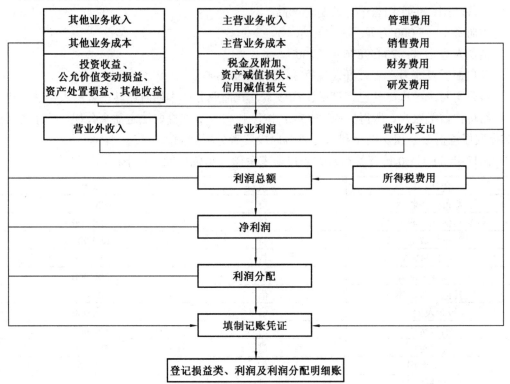

图 7.1 财务成果核算会计岗位业务流程图

7.3 财务成果核算会计岗位实训目的与要求

一、实训目的

通过本岗位的实训，使学生全面了解财务成果核算会计岗位的基本职责和业务流程；掌握各种不同销售方式下收入的确认、计量；掌握销售成本、销售税金、期间费用的核算方法；掌握利润形成及分配的程序及核算方法；熟练掌握相关明细账户的设置与登记方法。

二、实训要求

（1）补填原始凭证（附件 7.22.1、附件 7.23.1、附件 7.24.1、附件 7.24.2、附件 7.25.1、附件 7.26.1、附件 7.27.1、附件 7.27.2）。
（2）根据经济业务编制记账凭证。
（3）设立、登记损益类账户、本年利润及利润分配账户，并进行对账与结账。

7.4 财务成果核算会计岗位实训内容

一、企业基本情况

企业名称：黑龙江科发有限责任公司
地址：哈尔滨市开发区 101 号
电话：85976543
经营范围：生产销售甲、乙两种产品
注册资金：5 000 万元
纳税人登记号：234598765432100
开户银行及账号：工行开发支行 34001472583690

该公司月末一次结转已销产品生产成本，其他业务成本随时结转；采用表结法，年末一次结转损益类账户，所得税税率 25%；按净利润的 10%提取法定盈余公积，按净利润的 5%提取任意盈余公积，按净利润的 20%向投资者分配利润。

2018 年 11 月 30 日有关损益类账户期末余额（单位：元）如下：

会计科目	借或贷	余额
主营业务收入	贷	6 500 000
其他业务收入	贷	700 000
投资收益	贷	600 000
营业外收入	贷	50 000
主营业务成本	借	4 200 000
其他业务成本	借	500 000
税金及附加	借	80 000
销售费用	借	570 000
管理费用	借	700 000
财务费用	借	200 000
资产减值损失	借	100 000
营业外支出	借	200 000

二、实训资料

附件 7.1.1

中国工商银行

转账支票存根

Ⅹ Ⅵ 710642

附加信息 _____

_____

_____

出票日期 2019年12月2日

收款人：	众和广告公司
金　额：	5 300.00
用　途：	广告费

单位主管　　　　会计

附件 7.1.2

附件 7.2.1

说　明

本公司于 2019 年 10 月 26 日销售给哈尔滨华泰公司的甲产品 10 件，由于质量问题被退回，现开具红字增值税专用发票，并支付退货款。

会计主管：　　　　　　　　　　　　　　　　　　　　会计：

2019 年 12 月 3 日

附件 7.2.2

开具红字增值税专用发票通知单

填开日期：2019年12月03日　　　　　No15000786912125

销售方	名　称	黑龙江科发有限责任公司	购买方	名　称	哈尔滨华泰公司		
	税务登记代码	234598765432100		税务登记代码	230109556722157		
开具红字专用发票内容	货物（劳务）名称	数量	单价	金额	税率	税额	
	甲产品	10	2 500.00	-25 000.00	13%	-3 250.00	
	合　计			-25 000.00		-3 250.00	
说明	一、购买方申请☑ 　　对应蓝字专用发票抵扣增值税销项税额情况： 　　1. 需要作进项税额转出☑ 　　2. 不需要作进项税额转出□ 　　　（1）无法认证□ 　　　（2）纳税人识别号认证不符□ 　　　（3）增值税专用发票代码、号码认证不符□ 　　　（4）所购货物不属于增值税扣税项目范围□ 　　对应蓝字专用发票密码区内打印的代码：＿＿＿＿＿＿ 　　　　　　　　　　　　　　　　　　　号码：＿＿＿＿＿＿ 二、销售方申请□ 　　　（1）因开票有误购买方拒收的□ 　　　（2）因开票有误等原因尚未交付的□ 　　对应蓝字专用发票密码区内打印的代码：＿＿＿＿＿＿ 　　　　　　　　　　　　　　　　　　　号码：＿＿＿＿＿＿ 开具红字专用发票理由：因质量问题退回						

经办人：　　　　　负责人：　　　　　主管税务机关名称（印章）

注：（1）本通知单一式三联：第一联，申请方主管税务机关留存；第二联，申请方送对方留存；第三联，申请方留存。

（2）通知单应与申请单一一对应。

附件 7.2.3

附件 7.2.4

销售产品出库单

购货单位：华泰公司			2019-12-3				编　号：386	
产品编号	产品名称	型号规格	单位	数量	单位成本	总成本	备注	
	甲产品		件	-10	1 500.00	-15 000.00	因质量问题退货	
备　注				结算方式		运输方式		

部长：　　　　　　　　　　发货：　　　　　　　　　制单：

附件 7.2.5

中国工商银行

转账支票存根

Ⅹ Ⅵ 710643

附加信息 _____

_____

出票日期 2019年12月3日
收款人：华泰公司
金　额：28 250.00
用　途：商品退货款

单位主管　　　　　　会计

附件 7.3.1

销售产品出库单

购货单位：永安公司　　　　　　2019-12-4　　　　　　编　号：387

产品编号	产品名称	型号规格	单位	数量	单位成本	总成本	备注
	乙产品		件	40	8 000.00	320 000.00	委托代销
备注			结算方式		运输方式		发运

部长：　　　　　　　　　　发货：　　　　　　　　　　制单：

第三联　财务记录

附件 7.3.2

委托代销协议

委销字 001 号

（一）黑龙江科发有限责任公司（甲方）委托 永安有限公司（乙方）代销以下商品：

商品名称：__乙产品__　　单位：__件__　　代销数量：__40__

（二）上列代销价格按以下办法执行：__12 000 元/件__

（三）商品包装应按运输部门规定办理，否则运输途中损失由甲方负责。如因不符运输要求，乙方代为改装及加固，其费用由甲方负责。

（四）交货地点：由甲方发运至乙方单位。

（五）代销商品发货数量必须根据乙方通知。

（六）手续费收取与结算按下列办法：按销货款总额（不含增值税）__5__%收取手续费（不含税）；乙方将全部商品销售后一次进行货款结算，待甲方收到货款后，即给乙方结算手续费。

（七）甲方代销商品应与样品相符，保质保量，代销数量、规格、价格，有效期内如有变更，甲方必须及时通知乙方，通知到达前，已由乙方签出的合同，应照旧履行。如因质量或供应脱节而造成的损失和费用（包括手续费），均由甲方负责。

（八）本协议一式__3__份，甲方__1__份，乙方__1__份，鉴证机关__1__份，自签订日起生效，有效期__6__个月。

甲方（公章）：　　　　　　　　　　　　乙方（公章）：

法定代表人：李强　　　　　　　　　　　法定代表人：王刚

开户银行：工行开发支行　　　　　　　　开户银行：建行永安支行

账号：34001472583690　　　　　　　　　账号：2159872

2019 年 12 月 4 日

附件 7.4.1

中国工商银行

转账支票存根

Ⅹ Ⅵ 710645

附加信息 _____

_____

_____

出票日期	2019年12月5日
收款人：	正大会计公司
金　额：	2 289.60
用　途：	培训费

单位主管　　　　　会计

附件 7.4.2

黑龙江省增值税专用发票

142115563　　　　　　　　　　　　　　　　№ 01753672

开票日期： 2019年12月5日

购货单位	名　　称：	黑龙江科发有限责任公司	密码区	
	纳税人识别号：	234598765432100		
	地址、电话：	哈尔滨市开发区101号 0451-85976543		
	开户行及账号：	工行开发支行 34001472583690		

货物或应税劳务名称	规格型号	单位	数量	单价	金额	税率	税额
培训费					2,160.00	6%	129.60
合　计					2,160.00		129.60

价税合计(大写)	※贰仟贰佰捌拾玖元整	(小写) ￥2,289.60

销货单位	名　　称：	哈尔滨正大会计公司	备注
	纳税人识别号：	230101491453876	
	地址、电话：	哈尔滨市道理区11号 0451-61382591	
	开户行及账号：	工行友谊路办 035-5211-9561945	

收款人：孙立　　复核：李红　　开票人：杨广　　　　销货单位（章）

第二联 发票联

附件 7.5.1

黑龙江省增值税专用发票

23027185 № 64539713

开票日期：2019年12月6日

购货单位	名称：宏远公司		密码区			
	纳税人识别号：230729325819537					
	地址、电话：哈尔滨市江南路20号					
	开户行及账号：建行江南支行4156987926					
货物或应税劳务名称	规格型号	单位	数量	单价	金额	税率	税额
乙产品		件	80	12 000.00	960 000.00	13%	124 800.00
合计					960 000.00		124 800.00
价税合计（大写）	※壹佰零捌万肆仟捌佰元整				小写	1 084 800.00	
销货单位	名称：黑龙江科发有限责任公司		备注	结算条件：n/30		
	纳税人识别号：234598765432100					
	地址、电话：哈尔滨市开发区101号					
	开户行及账号：工行开发支行34001472583690					

收款人：　　　复核：　　　开票人：　　　销货单位：（章）

第四联 记账联

附件 7.5.2

销售产品出库单

购货单位：宏远公司　　　2019-12-6　　　编 号：388

产品编号	产品名称	型号规格	单位	数量	单位成本	总成本	备注
	乙产品		件	80	8 000.00	640 000.00	
备 注			结算方式		运输方式	自提	

部长：　　　发货：　　　制单：

第三联 财务记录

附件 7.6.1

中国工商银行 进账单（收账通知）

2019年 12 月 7 日

出票人	全称	亿洋公司	收款人	全称	黑龙江科发有限责任公司	此联是收款人的收账通知
	账号	4156286		账号	34001472583690	
	开户银行	交行东江支行		开户银行	工行开发支行	

金额	人民币（大写）	贰拾伍万玖仟玖佰元整	亿千百十万千百十元角分 ¥ 2 5 9 9 0 0 0 0

票据种类	转账支票	票据张数	1张	中国工商银行 开发支行 收款人开户银行签章 2019.12.7 业务清讫
票据号码				
复核		记账		

附件 7.6.2

23027185　黑龙江省增值税专用发票　№ 64539714

开票日期：2019年12月7日

购货单位	名　　称：	亿洋公司	密码区				
	纳税人识别号：	230123072849153					
	地址、电话：	哈尔滨市东江路70号					
	开户行及账号：	交行东江支行4156286					

货物或应税劳务名称	规格型号	单位	数量	单价	金额	税率	税额
甲产品		件	100	2 300.00	230 000.00	13%	29 900.00
合　计					230 000.00		29 900.00

价税合计(大写)	※贰拾伍万玖仟玖佰元整	小写	¥259 900.00

销货单位	名　　称：	黑龙江科发有限责任公司	备注	黑龙江科发有限责任公司 23459876543210 发票专用章
	纳税人识别号：	234598765432100		
	地址、电话：	哈尔滨市开发区101号		
	开户行及账号：	工行开发支行34001472583690		

收款人：　　　复核：　　　开票人：　　　销货单位：（章）

附件 7.6.3

销售产品出库单

购货单位：亿洋公司　　　　　　2019-12-7　　　　　　　　编　号：389

产品编号	产品名称	型号规格	单位	数量	单位成本	总成本	备注
	甲产品		件	100	1 500.00	150 000.00	
备　注			结算方式		运输方式		自提

第三联　财务记录

部长：　　　　　　　　发货：　　　　　　　　制单：

附件 7.7.1

库存现金盘点报告表

单位：黑龙江科发有限责任公司　　　　　　　　2019年12月8日

币　别	实存金额	账存金额	对比结果		备注
			盘盈	盘亏	
人民币	18 847.26	18 647.26	200.00		转入营业外收入

会计主管：　　　　　　　盘点人：　　　　　　　出纳：

附件 7.8.1

托收凭证（受理回单）

受托日期 2019 年 12 月 9 日

业务类型	委托收款（□邮划、☑电划）		托收承付（□邮划、□电划）												
付款人	全称	市金海洋公司	收款人	全称	黑龙江科发有限责任公司										收款人开户银行给收款人的回单
	账号	31428625		账号	34001472583690										
	地址	哈尔滨市	开户行	中行浦江支行	地址	哈尔滨市		开户行	工行开发支行						
金额	人民币（大写）	壹拾叁万伍仟陆佰元整				亿	千	百	十万	千	百	十	元	角	分
							¥	1	3	5	6	0	0	0	0
款项内容		货款	托收凭据名称		发票		附寄单证张数		3						
商品发运情况				合同名称号码		中国工商银行 开发支行 2019.12.9 业务清讫									
备注：		款项受托日期													
						收款人开户银行签章									
复核	记账			年 月 日		年 月 日									

附件 7.8.2

黑龙江省增值税专用发票

23027185　　№ 64539715

开票日期：2019年12月9日

购货单位	名　　称：市金海洋公司 纳税人识别号：23023076543210 地址、电话：哈尔滨市浦江路36号 开户行及账号：中行浦江支行31428625					密码区				
货物或应税劳务名称	规格型号	单位	数量	单价		金额	税率	税额		第四联 记账联
甲产品		件	50	2 400.00		120 000.00	13%	15 600.00		
合　计						120 000.00		15 600.00		
价税合计(大写)	※壹拾叁万伍仟陆佰元整					小写	¥135 600.00			
销货单位	名　　称：黑龙江科发有限责任公司 纳税人识别号：23459876543210 地址、电话：哈尔滨市开发区101号 开户行及账号：工行开发支行34001472583690					备注	黑龙江科发有限责任公司 2345987654321 发票专用章			

收款人：　　复核：　　开票人：　　销货单位：（章）

附件 7.8.3

销售产品出库单

购货单位：市金海洋公司　　　　　2019-12-9　　　　　　　　　编　号：390

产品编号	产品名称	型号规格	单位	数量	单位成本	总成本	备注
	甲产品		件	50	1 500.00	75 000.00	
备　注			结算方式		运输方式		

部长：　　　　　　　　　　　发货：　　　　　　　　　制单：

附件 7.9.1

附件 7.10.1

说　明

　　本公司于 2019 年 12 月 7 日销售给哈尔滨亿洋公司的甲产品，由于质量问题，亿洋公司要求给以 10%的价格折让，现开具红字增值税专用发票，并支付商品折让款。

会计主管：　　　　　　　　　　　　　　　　　　　　　　会计：

2019 年 12 月 11 日

附件 7.10.2

开具红字增值税专用发票通知单

填开日期：2019年12月11日　　　No15000791261285

销售方	名　称	黑龙江科发有限责任公司	购买方	名称	哈尔滨亿洋公司		
	税务登记代码	234598765432100		税务登记代码	230123072849153		
开具红字专用发票内容	货物（劳务）名称	数量	单价	金额		税率	税额
	甲产品			−23 000.00		13%	−2 990.00
	合　计			−23 000.00			−2 990.00
说明	一、购买方申请☑ 　　对应蓝字专用发票抵扣增值税销项税额情况： 　　1.需要作进项税额转出☑ 　　2.不需要作进项税额转出□ 　　　（1）无法认证□ 　　　（2）纳税人识别号认证不符□ 　　　（3）增值税专用发票代码、号码认证不符□ 　　　（4）所购货物不属于增值税扣税项目范围□ 　　对应蓝字专用发票密码区内打印的代码：_____ 　　　　　　　　　　　　　　　　　　　　号码：_____ 二、销售方申请□ 　　　（1）因开票有误购买方拒收的□ 　　　（2）因开票有误等原因尚未交付的□ 　　对应蓝字专用发票密码区内打印的代码：_____ 　　　　　　　　　　　　　　　　　　　　号码：_____ 开具红字专用发票理由：因质量问题要求给予10%折让						

经办人：　　　　　　　负责人：　　　　　　　主管税务机关名称（甲章）：

　　注：（1）本通知单一式三联：第一联，申请方主管税务机关留存；第二联，申请方交对方留存；第三联，申请方留存。

　　　　（2）通知单应与申请单一一对应。

附件 7.10.3

附件 7.10.4

中国工商银行

转账支票存根

ⅩⅥ 710646

附加信息 _____

_____

_____

出票日期 2019年12月11日
收款人：亿洋公司
金　额：25 990.00
用　途：商品折让款

单位主管　　　　会计

附件 7.11.1

中国工商银行 进账单（收账通知）

2019年 12 月 12 日

出票人	全称	佳益公司	收款人	全称	黑龙江科发有限责任公司	此联是收款人的收账通知
	账号	15369278		账号	34001472583690	
	开户银行	农行红旗支行		开户银行	工行开发支行	

金额	人民币（大写）	壹拾壹万叁仟元整	亿 千 百 十 万 千 百 十 元 角 分 ¥ 1 1 3 0 0 0 0 0

票据种类	转账支票	票据张数	1张	中国工商银行 开发支行 收款人开户银行签章 2019.12.12 业务清讫
票据号码				
复核		记账		

附件 7.11.2

23027185 黑龙江省增值税专用发票   № 64539717

开票日期：2019年12月12日

购货单位	名　称	佳益公司	密码区					
	纳税人识别号	230130876543211						
	地址、电话	哈尔滨市红旗路156号						
	开户行及账号	农行红旗支行15369278						

货物或应税劳务名称	规格型号	单位	数量	单价	金额	税率	税额
丙材料		千克	500	200.00	100 000.00	13%	13 000.00
合　计					100 000.00		13 000.00

价税合计(大写)	※壹拾壹万叁仟元整	小写	¥113 000.00

销货单位	名　称	黑龙江科发有限责任公司	备注	234598765432100 发票专用章
	纳税人识别号	234598765432100		
	地址、电话	哈尔滨市开发区101号		
	开户行及账号	工行开发支行34001472583690		

收款人：　　　复核：　　　开票人：　　　销货单位：（章）

附件 7.11.3

销售产品出库单

购货单位：佳益公司　　　　　　　2019-12-12　　　　　　　　编　号：391

产品编号	产品名称	型号规格	单位	数量	单位成本	总成本	备注	第三联 财务记录
	丙材料		千克	500	140.00	70 000.00		
备　注			结算方式		运输方式		送货	

部长：　　　　　　　　　发货：　　　　　　　　　制单：

附件 7.11.4

中国工商银行

转账支票存根

X Ⅵ 710647

附加信息 _____

_____

出票日期 2019年12月12日
收款人：顺达运输公司
金　额：2 695.00
用　途：运杂费

单位主管　　　　　会计

附件 7.11.5

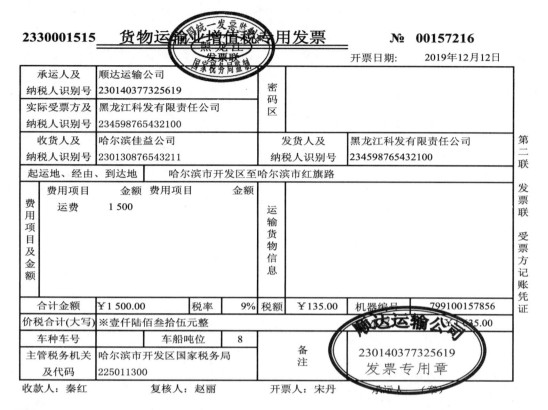

附件 7.11.6

附件 7.12.1

中国工商银行 进账单（收账通知）

2019 年 12 月 14 日

出票人	全称	宏远公司	收款人	全称	黑龙江科发有限责任公司	此联是收款人的收账通知
	账号	4156987926		账号	34001472583690	
	开户银行	建行江南支行		开户银行	工行开发支行	

金额	人民币（大写）	壹佰壹拾万零柒佰叁拾陆元整	亿 千 百 十 万 千 百 十 元 角 分
			¥ 1 1 0 0 7 3 6 0 0

票据种类	转账支票	票据张数	1张	中国工商银行 开发支行 收款人开户银行签章 2019.12.14 业务清讫
票据号码				
复核		记账		

附件 7.13.1

差 旅 费 报 销 单

	预借款	5000
	补领或交还	

2019年12月15日

部门	销售部	姓名	赵亮	出差事由	参加展销会			
出差起止日期	自 2019年11月29日至2019年12月8日共计 10 天					附单据 9 张		
起讫时间	起讫地点	飞机、车、船		住宿费	出差补贴	市内交通费	其他费用	附注
		名称	金额				名称 金额	
11.29	哈尔滨至上海		960.00	3 500.00	700.00	182.00	150.00	
12.08	上海至哈尔滨		960.00					
合 计			1 920.00	3 500.00	700.00	182.00	150.00	
合计金额（大写）陆仟肆佰伍拾贰元整							6 452.00	
单位主管		复核			出差人			

附件 7.14.1

编号　201202

固定资产清理报废单

2019年12月16日

使用单位：生产车间

名称	编号	单位	数量	原始价值	已提折旧	净值	清理费	收回变价收入	预计使用年限	实际使用年限
车床	200318	台	1	80 000.00	76 000.00	4 000.00	500.00	1 200.00	10年	10年
申请报废原因	主要部件严重老化，无法达到精度要求									
处理意见	使用部门		技术鉴定小组		固定资产管理部门			主管部门审批		
	建议报废		情况属实		同意转入清理			同意		

附件 7.14.2

收　　据

入账日期　2019年12月16日

今收到： 哈尔滨市物资回收公司废旧物资款	
人民币： 壹仟贰佰元整	
系　付： 残料收入	

核准：　　　会计：　　　记账：　　　出纳：　　　经手人：

附件 7.14.3

收　　据

入账日期　2019年12月16日

今收到： 黑龙江科发有限责任公司	
人民币： 伍佰元整	
系　付： 清理费用	

核准：　　　会计：　　　记账：　　　出纳：　　　经手人：

附件 7.15.1

中国工商银行 进账单（收账通知）

2019年 12 月 17 日

出票人	全称	世联公司	收款人	全称	黑龙江科发有限责任公司	此联是收款人的收账通知
	账号	156972463		账号	34001472583690	
	开户银行	建行华南支行		开户银行	工行开发支行	

金额	人民币（大写）	肆万元整	亿 千 百 十万 千 百 十 元 角 分 ¥ 4 0 0 0 0 0 0

票据种类	转账支票	票据张数	1张
票据号码			

复核　　　　　　　记账

（中国工商银行 开发支行 收款人开户银行签章 2019.12.14 业务清讫）

附件 7.15.2

23027185　　黑龙江省增值税专用发票　　№ 64539718

开票日期：2019年12月17日

购货单位	名　　称：世联公司
	纳税人识别号：230300234567890
	地址、电话：哈尔滨市华南路217号
	开户行及账号：建行华南支行156972463

密码区

货物或应税劳务名称	规格型号	单位	数量	单价	金额	税率	税额
包装物		个	100	400.00	40 000.00	13%	5 200.00
合　计					40 000.00		5 200.00

价税合计(大写)	※肆万伍仟贰佰元整	小写 ¥45 200.00

销货单位	名　　称：黑龙江科发有限责任公司
	纳税人识别号：234598765432100
	地址、电话：哈尔滨市开发区101号
	开户行及账号：工行开发支行34001472583690

备注：（黑龙江科发有限责任公司 234598765432100 发票专用章）

收款人：　　　　复核：　　　　开票人：　　　　销货单位：(章)

第四联 记账联

附件 7.15.3

销售产品出库单

购货单位：世联公司　　　　　2019-12-17　　　　　　　编　号：392

产品编号	产品名称	型号规格	单位	数量	单位成本	总成本	备注	第三联 财务记录
	包装物		个	100	300.00	30 000.00		
备　注			结算方式		运输方式			

部长：　　　　　　　　　发货：　　　　　　　　　制单：

附件 7.16.1

中国工商银行

转账支票存根

X Ⅵ 710648

附加信息 _____

_____

_____

出票日期 2019年12月18日

收款人：龙运会计师事务所
金　额：8 480.00
用　途：审计费

单位主管　　　　　　会计

附件 7.16.2

黑龙江省增值税专用发票

251117831 № 36720715

开票日期： 2019年12月15日

购货单位	名　　　称：黑龙江科发有限责任公司 纳税人识别号：234598765432100 地　址、电　话：哈尔滨市开发区101号0451-85976543 开户行及账号：工行开发支行34001472583690	密码区			
货物或应税劳务名称	规格型号	单位	数量	单价	金额	税率	税额
审计费					8,000.00	6%	480.00
合　计					8,000.00		480.00
价税合计(大写)	※捌仟肆佰捌拾元整				¥8,480.00		
销货单位	名　　　称：黑龙江龙运会计师事务所 纳税人识别号：234598765432100 地　址、电　话：哈尔滨市香坊区39号0451-76138952 开户行及账号：工行和兴路办035-1231-56721946	备注	黑龙江龙运会计师事务所 234598765432100 发票专用章		

收款人：王立　　复核：白云　　开票人：陈风　　销货单位：（章）

附件 7.17.1

中国工商银行放款利息通知单

2019年12月20日

户　名	黑龙江科发有限责任公司	账　户	34001472583690	
利息计算时间	2019年11月21日起 2019年12月20日止	利息基数：300 000.00	利率 6‰	
利息金额	人民币（大写）壹仟捌佰元整			十万千百十元角分 ¥ 1 8 0 0 0 0
	中国工商银行 开发支行 2019.12.20	科目		
上列利息已由你单位存款户扣收		转账	2019年12月20日	
	业务清讫 中国工商银行	复核 制单	记账	

附件 7.18.1

永安有限责任公司代销清单

委托单位：黑龙江科发有限责任公司

商品名称	单价	数量	金额	税金	销售日期
乙产品	12 000.00	5	60 000.00	7 800.00	2019/12/6
乙产品	12 000.00	10	120 000.00	15 600.00	2019/12/10
乙产品	12 000.00	15	180 000.00	23 400.00	2019/12/15
乙产品	12 000.00	10	120 000.00	15 600.00	2019/12/19
合 计		40	480 000.00	62 400.00	

编制日期：2019 年 12 月 20 日

附件 7.18.2

附件 7.19.1

托收凭证（收账通知）

受托日期 2019年 12月 23日

业务类型	委托收款（□邮划、□电划）		托收承付（□邮划、□电划）		
付款人	全 称	永安有限责任公司	收款人	全 称	黑龙江科发有限责任公司
	账 号	2159872		账 号	34001472583690
	地 址	哈尔滨市 开户行 建行永安支行		地 址	哈尔滨市 开户行 工行开发支行
金额	人民币（大写）	伍拾叁万壹仟叁佰陆拾元整		亿千百十万千百十元角分 ￥ 5 1 6 9 6 0 0 0	
款项内容	货款	托收凭据名称	发票	附寄单证张数	1
商品发运情况			合同名称号码	中国工商银行 开发支行 2019.12.23 业务清讫	
备注：		款项受托日期			
复核	记账		年 月 日	收款人开户银行签章 年 月 日	

收款人开户银行给收款人的收账通知

附件 7.19.2

371151290 黑龙江省增值税专用发票　№ 62105785

开票日期：2019年12月18日

购货单位	名　　称：黑龙江科发有限责任公司	密码区
	纳税人识别号：234598765432100	
	地址、电话：哈尔滨市开发区101号0451-85976543	
	开户行及账号：工行开发支行34001472583690	

货物或应税劳务名称	规格型号	单位	数量	单价	金额	税率	税额
代销手续费					24,000.00	6%	1,440.00
合　计					24,000.00		1,440.00
价税合计(大写)	※贰万伍仟肆佰肆拾元整						￥25,440.00

销货单位	名　　称：永安有限责任公司	备注
	纳税人识别号：233000456789876	永安有限责任公司
	地址、电话：哈尔滨市南岗区65号0451-86138259	233000456789876
	开户行及账号：建行永安支行2159872	发票专用章

收款人：钱立　复核：赵红　开票人：周广　　销货单位：（章）

附件 7.20.1

特约委托收款凭证（付款通知）

委托日期　2019年12月26日

付款人	全称	黑龙江科发有限责任公司			收款人	全称	中国联通哈尔滨分公司		
	账号	34001472583690				账号			
	地址	哈尔滨 市县	开户行	工行开发支行		地址	哈尔滨 市县	开户行	
金额	人民币（大写）	叁仟玖佰玖拾柒元整					亿千百十万千百十元角分　¥3997 00		
款项内容	国际次数	国际电话	国内次数	国内电话		附加费	清单服务费	手续费	
联系电话					业务清单合同名称号码				

（中国工商银行开发支行　2019.12.26）

附件 7.20.2

499040209　　**黑龙江省增值税专用发票**　　№ **8875010**

开票日期：2019年12月26日

购货单位	名　　称	黑龙江科发有限责任公司				密码区		
	纳税人识别号	234598765432100						
	地址、电话	哈尔滨市开发区101号 85976543						
	开户行及账号	工行开发支行34001472583690						
货物或应税劳务名称	规格型号	单位	数量	单价	金额	税率	税额	
基础电信服务					2 500.00	9%	225.00	
增值电信服务					1 200.00	6%	72.00	
合　　计					2 500.00		225.00	
价税合计(大写)	※叁仟玖佰玖拾柒元整				小写		¥3 997.00	
销货单位	名　　称	中国联通哈尔滨分公司			备注	中国联通哈尔滨分公司 业务号码045185976543 发票专用章		
	纳税人识别号	91230100789102600						
	地址、电话	哈尔滨市南岗区70号0451-82157788						
	开户行及账号	工行先锋办事处035-1010-7952008						

收款人：　　复核：孙一佳　开票人：陈红　　　销货单位：（章）

附件 7.21.1

中国工商银行

收费凭条

2019年12月28日

2354048

付款人名称	黑龙江科发有限责任公司		付款人账号		34001472583690								
服务项目（凭证种类）	数量	工本费		手续费	小 计								
					百	十	万	千	百	十	元	角	分
转账支票	2								6	0	0	0	
现金支票	1									3	5	0	0
金额（大写）	玖拾伍元整				￥					9	5	0	0
以下在购买凭证时填写													
领购人姓名			领购人证件类型										
			领购人证件号码										

附件 7.22.1

城市维护建设税和教育费附加计算表

2019 年 12 月 31 日

应税项目	计税基数（增值税）	税（费）率	应纳税（费）额
城市维护建设税			
教育费附加			
合　计			

会计主管： 　　　　　　　　　　　　　　　　　　　　　　制表：

附件 7.23.1

销售成本汇总表

2019年12月

产品	数量	单位成本	金额
小计			

会计主管： 　　　　　　　　　　　　　　　　　　　　　　制表：

附件 7.24.1

收入类账户汇总表

2019 年 12 月 31 日

总账账户	本年发生额
合　　计	

会计主管：　　　　　　　　　　　　　　　　　　　　制表：

附件 7.24.2

费用类账户汇总表（不含所得税费用）

2019 年 12 月 31 日

总账账户	本年发生额
合　　计	

会计主管：　　　　　　　　　　　　　　　　　　　　制表：

附件 7.25.1

应纳所得税费用计算表

2019 年 12 月 31 日

项　　目	金　　额
利润总额	
所得税税率	
应纳所得税	

会计主管：　　　　　　　　　　　　　　　　制表：

附件 7.25.2

结转所得税费用

附件 7.26.1

全年净利润计算表

2019 年 12 月 31 日

项　　目	金　　额
收入类总额	
费用类总额	
所得税费用	
净利润	

会计主管：　　　　　　　　　　　　　　　　制表：

附件 7.27.1

盈余公积计算表

2019 年 12 月 31 日

项　　目	净利润	比　例	金　额
法定盈余公积			
任意盈余公积			
合　　计			

会计主管：　　　　　　　　　　　　　　　　制表：

附件 7.27.2

应付利润计算表

2019 年 12 月 31 日

净利润	比　例	金　额

会计主管：　　　　　　　　　　　　　　　　制表：

附件 7.28.1

结转利润分配明细账户

第八章 资本金核算会计岗位实训

8.1 资本金核算会计岗位职责

(1) 会同有关部门拟定筹资及资金管理与核算的实施办法。

(2) 监督投资者是否按企业章程、合同、协议的约定,实际投入企业资本金,加强和监督资本金的增减变化情况,防止盲目抽减资本金。

(3) 根据权益资金及借入资金筹集业务,正确进行实收资本、资本公积、留存收益以及长短期借款、应付债券等的核算,并登记有关明细账。

(4) 熟悉银行借款业务流程,正确计算银行贷款利息。

8.2 资本金核算会计岗位业务流程

资本金核算会计岗位业务流程如图 8.1 所示。

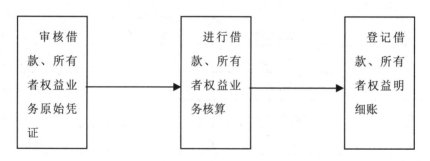

图 8.1 资本金核算会计岗位业务流程图

8.3 资本金核算会计岗位实训目的与要求

一、实训目的

通过本岗位的实训,使学生全面了解资本金核算会计岗位的基本职责和业务流程;掌握不同出资方式下,实收资本及其增减业务的核算方法,熟悉并填制与所有者权益和借款业务相关的原始凭证；掌握盈余公积的提取和使用的核算方法；掌握银行贷款利息的计算与预提。

二、实训要求

（1）补填原始凭证（附件 8.9.1、附件 8.10.2、附件 8.10.3）。

（2）根据经济业务编制记账凭证。

（3）设立、登记所有者权益和借款业务明细账，并结账。

8.4 资本金核算会计岗位实训内容

一、企业基本情况

企业名称：卓辉股份有限公司

地址：长征大街 180 号

电话：82796333

经营范围：生产销售甲、乙两种产品

注册资金：8 000 万元

纳税人登记号：350103481119928

开户银行及账号：中国银行开发区支行 289556300235

卓辉公司 2019 年 12 月初有关账户余额如下表：

账户期初余额（部分）

单位：元

总账账户	明细账户	借方余额	贷方余额
股本	李晓军		70 000 000
	冯军		10 000 000
资本公积	股本溢价		8 000 000
盈余公积	法定盈余公积		12 000 000
	任意盈余公积		10 000 000
利润分配	未分配利润		30 000 000
短期借款	中行开发区支行		7 000 000

二、实训资料

附件 8.1.1

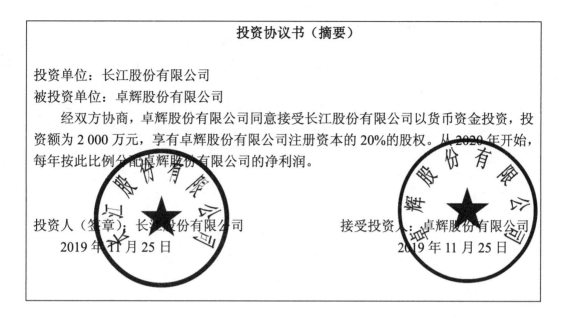

附件 8.1.2

中国银行进账单（收账通知）

2019年12月1日

付款人	全称	长江股份有限公司	收款人	全称	卓辉股份有限公司											
	账号	655346787111		账号	289556300235											
	开户行	中国银行中山支行		开户行	中国银行开发区支行											
金额	人民币（大写）贰仟万元整					亿	千	百	十	万	千	百	十	元	角	分
					¥	2	0	0	0	0	0	0	0	0	0	0
票据种类	支票															
票据张数	壹张			中国银行开发区支行 转讫章												
复核		记账		收款人开户银行签章												

此联是收款人开户银行交给收款人的收账凭证

附件 8.2.1

中国银行短期借款合同（摘要）

订立合同单位：

中国银行开发区支行（以下简称为贷款方）

卓辉股份有限公司（以下简称为借款方）

黄河股份有限公司（以下简称为担保方）

为明确责任，恪守合同，特签订本合同，共同信守。

一、贷款种类：工业企业短期贷款

二、借款金额：伍佰万元整

三、借款用途：购买材料

四、借款利率：月利率千分之四，到期一次还本付息。如遇国家调整利率，按照调整后的规定利率计算。

五、借款期限：借款时间自二○一九年十二月一日到二○二○年二月一日止

六、还款资金来源：营业收入

七、还款方式：转账

八、保证条款：借款方请黄河公司作为自己借款的担保方，经贷款方审查，证实担保方具有担保资格和足够代偿借款的能力。保证方有权检查和督促借款方履行合同。当借款方不履行合同时，由担保方连带承担偿还借款本息的责任。必要时，贷款方可以从担保方的存款账户内扣收贷款本息。

九、违约责任（略）

合同的附件（略）

本合同经双方签字后生效，贷款本息全部清偿后自动失效。

本合同正式本一式三份，贷款方、借款方、保证方各执一份，合同副本__份，报送有关单位各留存一份。

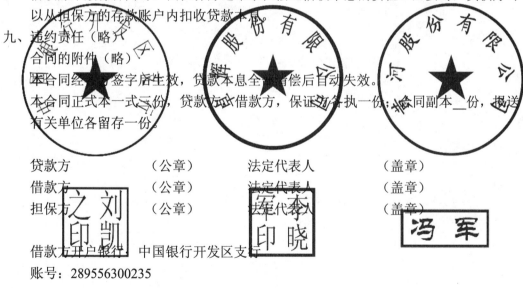

贷款方　　　　　　（公章）　　法定代表人　　　　（盖章）

借款方　　　　　　（公章）　　法定代表人　　　　（盖章）

担保方　　　　　　（公章）　　法定代表人　　　　（盖章）

借款方开户银行：中国银行开发区支行

账号：289556300235

附件 8.2.2

（流动资金贷款）借款凭证（回单）

日期：2019 年 12 月 1 日

付款人	全称	中国银行开发区支行	收款人	全称	卓辉股份有限公司
	账号			账号	289556300235
	开户行	中国银行开发区支行		开户行	中国银行开发区支行

借款期限（最后还款日期）	2020 年 2 月 1 日	借款计划指标									
			亿	千	百	十	万	千	百	十	元	角	分
借款申请金额	人民币：伍佰万元整	¥			5	0	0	0	0	0	0	0	0
借款原因及用途	生产经营周转用	银行核定金额									
		¥			5	0	0	0	0	0	0	0	0

期限	计划还款日期	计划还款金额	分次还款记录	还款金额	结欠
1	2020 年 2 月 1 日	5 000 000.00			
2					
3					

备注：

上述应按此致借款单位（银行盖章） 2019 年 12 月 1 日

（中国银行开发区支行 业务专用章）

附件 8.3.1

投资协议书（摘要）

投资单位：昆仑股份有限公司

被投资单位：卓辉股份有限公司

经双方协商，卓辉股份有限公司同意接受昆仑股份有限公司以原材料投资，投资额为陆佰万元，享有卓辉股份有限公司注册资本的 5% 的股权。从 2020 年开始每年按此比例分配卓辉股份有限公司的净利润。

投资人（签章）：昆仑股份有限公司　　接受投资人（签章）：卓辉股份有限公司

2019 年 12 月 5 日　　　　　　　　　　2019 年 12 月 5 日

附件 8.3.2

黑龙江省增值税专用发票

211070518　　　　　　　　　　　　　　　№ 4456457

开票日期：2019年12月5日

购货单位	名　称：	卓辉股份有限公司	密码区				
	纳税人识别号：	350103481119928					
	地　址、电话：	长征大街180号					
	开户行及账号：	中国银行开发区支行289556300235					

货物或应税劳务名称	规格型号	单位	数量	单价	金额	税率	税额
甲材料	W1	千克	10 000	530.973 4	5 309 734.51	13%	690 265.49
合　计					5 309 734.51		690 265.49

价税合计(大写)	※陆佰万元整		¥6 000 000.00

销货单位	名　称：	昆仑股份有限公司	备注	764909180734210 发票专用章
	纳税人识别号：	764909180734210		
	地　址、电话：	滨海西路560号		
	开户行及账号：	工商银行长江支行7422130481		

收款人：　　　复核：李明　　　开票人：张芳　　　销货单位：（章）

附件 8.3.3

收料单

材料科目：原材料　　　　　　　　　　　　　　　　编号：0234
材料类别：原料及主要材料　　　　　　　　　　　　收料仓库：1号仓库
供应单位：昆仑股份有限公司　　2019年12月5日　　发票号码：4456457

材料编号	材料名称	规格	计量单位	数量		实际价格			
				应收	实收	单价	发票金额	运费	合计
01	甲材料	W1	千克	10 000	10 000	530.973 4	5 309 734.51		5 309 734.51

备　注：

采购员：×××　　　检验员：×××　　　记账员：×××　　　保管员：×××

附件 8.4.1

投资协议书（摘要）
投资单位：红光公司 被投资单位：卓辉股份有限公司 　　经双方协商，卓辉股份有限公司同意接受红光公司以一栋房屋投资，投资各方协商投资额为壹仟万元，享有卓辉股份有限公司注册资本的10%的股权。从2020年开始每年按此比例分配卓辉股份有限公司的净利润。 投资人（签章）：红光公司　　　　　接受投资人（签章）：卓辉股份有限公司 　　2019年12月10日　　　　　　　　　　　2019年12月10日

附件 8.4.2

固定资产验收单

2019 年 12 月 10 日

名称	规格型号	来源	数量	购（造）价	使用年限	预计残值率
房屋		投入	1	10 000 000.00	50	5%
安装费	月折旧率	建造单位	交工日期		附件	
			2019 年 10 月 30 日			
验收部门	张小雨	验收人员	李艳华	管理部门	段明玉	管理人员	周东平
备注	该批固定资产为红光公司投入					

附件 8.5.1

投资协议书（摘要）

投资单位：荣盛公司

被投资单位：卓辉股份有限公司

经双方协商，卓辉股份有限公司同意接受荣盛公司以非专利技术进行投资，该非专利技术公允价值为壹仟万元，享有卓辉股份有限公司注册资本的 10%的股权。从 2020 年开始每年按此比例分配卓辉股份有限公司的净利润。

投资人（签章）：荣盛公司　　　　　接受投资人（签章）：卓辉股份有限公司

2019 年 12 月 15 日　　　　　　　　2019 年 12 月 15 日

附件 8.6.1

债券代理发行协议

第一条　本合同的各方为：

委托方：卓辉股份有限公司（以下简称为甲方）。

受托方：长盛证券有限责任公司（以下简称为乙方）。

第二条　甲方委托乙方代理发行债券，每张面值 100 元，票面利率 6%，期限 5 年，到期一次还本付息的债券 50 000 张。

第三条　发行债券所筹集的资金全部用于某建设项目 M 项目，该项目将于 2021 年底完工，公司每年计算一次利息费用。

……

第八条　本协议共八条，协议自签订之日起生效。

甲方：卓辉股份有限公司　　　　　乙方：长盛证券有限责任公司

　　　　签章　　　　　　　　　　　　　　签章

甲方代表（签字）：李晓军　　　　乙方代表（签字）：刘鹏

2019 年 12 月 20 日　　　　　　　　2019 年 12 月 20 日

附件 8.6.2

中国银行进账单（收账通知）

2019 年 12 月 20 日

付款人	全称	长盛证券有限公司	收款人	全称	卓辉股份有限公司	此联是收款人开户银行交给收款人的收账凭证
	账号	197196465078		账号	289556300235	
	开户行	中国银行珠江支行		开户行	中国银行开发区运行	

金额	人民币（大写）伍佰万元整	亿 千 百 十 万 千 百 十 元 角 分
		¥ 5 0 0 0 0 0 0 0 0

票据种类	转账支票	注：发行债券款
票据张数	壹张	中国银行开发区支行 转讫章　收款人开户银行签章

复核　　记账

附件 8.7.1

卓辉股份有限公司
办字第 27 号文件
关于将资本公积转增资本的决议

为增加公司资本实力，根据公司股东会决议，公司决定按原投资比例（即李晓军 87.5%，冯军 12.5%）用资本公积——股本溢价　3 000 000 元转增资本。

卓辉股份有限公司
2019 年 12 月 20 日

附件 8.8.1

> 卓辉股份有限公司
> 办字第 28 号文件
> 关于将盈余公积转增资本的决议
>
> 经公司股东会研究决定，按照原出资比例（即李晓军 87.5%、冯军 12.5%）将法定盈余公积 2 000 000 元转增资本。
>
> 卓辉股份有限公司
> 2019 年 12 月 20 日

附件 8.9.1

应付利息计算表

年　月　日

贷款银行	借款种类	本金	月利率	利息额

审核：　　　　　　　　　　　　　　制单：

附件 8.10.1

卓辉股份有限公司股东会决议

2019年12月31日召开股东会，会议符合《中华人民共和国公司法》和《公司章程》的规定。经会议审核，一致通过如下决议：

一、审议通过公司 2019 年年度总经理工作报告；

二、审议通过公司 2019 年年度董事会工作报告；

三、审议通过公司 2019 年年度报告及报告摘要；

四、审议通过公司 2019 年年度财务决算报告；

五、审议通过公司 2019 年年度利润分配方案。

公司税后净利润 2 310 万元。按净利润的 10%提取法定盈余公积，按净利润的 10%提取任意盈余公积，按净利润的 30%向投资者分配利润。

卓辉股份有限公司

二〇一九年十二月三十一日

附件 8.10.2

盈余公积计算表

2019 年 12 月 31 日　　　　　　　　　　　　　　　　单位：元

项目	税后利润	提取比例（%）	提取金额
法定盈余公积			
任意盈余公积			
合计			

审核：　　　　　　　　　　　　　　　　　　　　制单：

附件 8.10.3

分配利润计算表

2019 年 12 月 31 日　　　　　　　　　　　　　　　　　单位：元

投资者	投资比例（%）	分配金额
合计		

审核：　　　　　　　　　　　　　　　　　　　　　　　制单：

第九章 税务会计岗位实训

9.1 税务会计岗位职责

（1）认真学习相关的税收法律法规，了解国家最新税收政策；认真执行国家财经纪律、税收制度和本单位财务制度，积极与税务部门沟通。

（2）负责企业税务登记和税务登记证件的使用和管理，负责发票的领购、开具和保管以及涉税文书的签收和保管。

（3）依据税法规定正确计算各项应纳税额，及时缴纳税款并进行纳税申报。

（4）正确进行计提和缴纳各项税费的账务处理，并登记应交税费明细账。

（5）定期对纳税申报、税负情况进行综合分析，提出合理化建议。

9.2 税务会计岗位业务流程

税务会计岗位业务流程如图 9.1 所示。

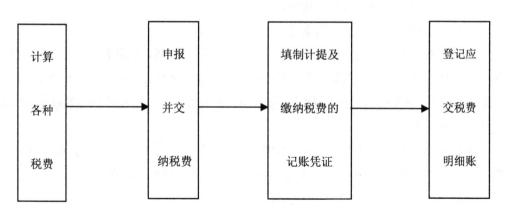

图 9.1 税务会计岗位业务流程图

9.3 税务会计岗位实训目的与要求

一、实训目的

通过本岗位实训，使学生了解税务会计岗位的基本职责和业务流程；掌握企业涉及的常用税种的计算、申报以及账务处理方法；熟练掌握应交税费明细账户的设置与登记方法。

二、实训要求

（1）补填原始凭证（附件 9.3.5、附件 9.5.3、附件 9.7.2、附件 9.14.1、附件 9.15.1、附件 9.16.1、附件 9.17.1）。

（2）根据经济业务编制记账凭证。

（3）填制《增值税纳税申报表》、《城市维护建设税纳税申报表》、《车船税纳税申报表》、《房产税纳税申报表》、《企业所得税纳税申报表》（企业所得税纳税申报表根据本书第七章业务资料填写）。

（4）设立、登记应交税费明细账，并结账。

9.4 税务会计岗位实训内容

一、企业基本情况

企业名称：哈尔滨龙翔有限责任公司

地址：哈尔滨市道外区 95 号

电话：87563579

经营范围：生产销售甲、乙两种产品

注册资金：8 000 万元

纳税人登记号：231155777888999

开户银行及账号：工行道口支行 3511132496822

本公司有乘用车 3 辆，每辆排气量为 2.0 升；货车 8 辆，整备质量为 4 吨；中型面包车一辆（19 人座）。按规定排气量 2.0 升的乘用车税额标准为每辆每年 420 元，核定载客人数 20 人以下客车的税额标准为每辆每年 480 元，货车的税额标准为每吨每年 60 元。假定本公司年末统一计算全年应交车船税。

本公司拥有房产原值 600 万元。按照当地政府规定，允许按原值一次扣除 30% 后的余值计税，适用税率为 1.2%。假定本公司年末计算下半年应交房产税。

本公司 2019 年 11 月 30 日，有关账户余额如下：

应交税费——未交增值税（贷方）：100 000 元

应交税费——应交城市维护建设税（贷方）：7 000 元

应交税费——应交教育费附加（贷方）：3 000 元

二、实训资料

附件 9.1.1

黑龙江省增值税专用发票

21356862　　　　　　　　　　　　　　　　　　　　№ 57968213

开票日期：2019年12月2日

购货单位	名　　称：哈尔滨龙翔有限责任公司 纳税人识别号：231155777888999 地　址、电　话：哈尔滨市道外区95号 开户行及账号：工行道口支行3511132496822	密码区				
货物或应税劳务名称	规格型号	单位	数量	单价	金额	税率	税额
A材料		千克	800	40.00	32 000.00	13%	4 160.00
合　计					32 000.00		4 160.00
价税合计(大写)	※叁万陆仟壹佰陆拾元整			小写	￥36 160.00		
销货单位	名　　称：天叶有限公司 纳税人识别号：232300005789136 地　址、电　话：哈尔滨市春风路198号 开户行及账号：中行春风支行47158926	备注	232300005789136 发票专用章			

收款人：　　　复核：　　　开票人：　　　销货单位：（章）

附件 9.1.2

收 料 单

发票号：57968213号　　　2019年 12 月 2 日　　　　　　　　No401

供应单位	天叶有限公司		材料类别及编号			
材料名称及规格	计量单位	数量		实际成本		
		发票数	实收数	发票价格	运杂费	合计	单价
A材料	千克	800	800	32 000		32 000	40
备　注							

核算　　　　保管　　　　检验　　　　交库

附件9.1.3

业务委托书（回单）

2019年 12 月 2 日

业务类型	☑电汇	☐信汇	☐汇票申请书	☐本票申请书	☐其他

汇款人	全 称	哈尔滨龙翔有限责任公司	收款人	全 称	天叶有限公司
	账号或地址	3511132496822		账号或地址	47158926
	开户银行	工行道口支行		开户银行	中行春风支行

金额(大写)	叁万柒仟壹佰贰拾元整	亿千百十万千百十元角分 ¥3 6 1 6 0 0 0

密 码		加急汇款签字		付出行签章
用 途	购料款			中国工商银行 道口支行 2019.12.2 业务清讫
备 注				

第一联 回单联

事后监督：　　　会计主管：　　　复核：　　　记账：

附件9.1.4

中 国 工 商 银 行

2019年12月2日

收费凭条
3759106

付款人名称	哈尔滨龙翔有限责任公司	付款人账号	3511132496822	
服务项目（凭证种类）	数量	工本费	手续费	小 计 百十万千百十元角分
电汇手续费				1 0 5 0
金额（大写）	壹拾元零伍角整			¥1 0 5 0
以下在购买凭证时填写				
领购人姓名		领购人证件类型		
		领购人证件号码		

（哈尔滨龙翔有限责任公司财务专用章）
（王刚之印）

附件 9.2.1

附件 9.2.2

中国工商银行 进账单（收账通知）

2019 年 12 月 5 日

出票人	全称	赛欧公司	收款人	全称	哈尔滨龙翔有限责任公司	此联是收款人的收账通知
	账号	62825436		账号	3511132496822	
	开户银行	农行赛欧支行		开户银行	工行道口支行	
金额	人民币（大写）	壹拾叁万伍仟陆佰元整			￥ 亿千百十万千百十元角分 1 3 5 6 0 0 0	
票据种类	转账支票	票据张数	1张	中国工商银行 道口支行 2019.12.5 业务清讫	开户银行签章	
票据号码						
复核		记账				

附件 9.2.3

销售产品出库单

购货单位：赛欧公司　　　　　　2019-12-5　　　　　　　　编　号：501　第三联 财务记录

产品编号	产品名称	型号规格	单位	数量	单位成本	总成本	备注
	甲产品		件	200	300.00	60 000.00	
备　注			结算方式	支票	运输方式	自提	

部长：孙宇　　　　　　　　发货：李靖　　　　　　　　制单：张琦

附件 9.3.1

中国工商银行

转账支票存根

X Ⅵ 672015

附加信息 _____

_____

出票日期 2019年12月8日

| 收款人：鸿发有限公司 |
| 金　额：169 500.00 |
| 用　途：货款 |

单位主管　　　　　会计

附件 9.3.2

黑龙江省增值税专用发票

21356682　　　　　　　　　　　　　　　　　　　№ 56879213

开票日期：2019年12月8日

购货单位	名　　称：	哈尔滨龙翔有限责任公司	密码区	
	纳税人识别号：	231155777888999		
	地址、电话：	哈尔滨市道外区95号		
	开户行及账号：	工行道口支行3511132496822		

货物或应税劳务名称	规格型号	单位	数量	单价	金额	税率	税额
B材料		吨	50	3 000.00	150 000.00	13%	19 500.00
合　计					150 000.00		19 500.00

价税合计(大写)	※壹拾陆万玖仟伍佰元整	(小写) ￥169 500.00

销货单位	名　　称：	鸿发有限公司	备注	
	纳税人识别号：	232300005716389		
	地址、电话：	哈尔滨市春天路98号		
	开户行及账号：	中行春天支行41578226		

收款人：　　　复核：　　　开票人：　　　销货单位：（章）

第二联　发票联

附件 9.3.3

货物运输业增值税专用发票

2330001515　　　　　　　　　　　　　　　　　　　№ 00172165

开票日期：2019年12月8日

承运人及纳税人识别号	吉祥运输公司 230140375167329	密码区	
实际受票方及纳税人识别号	哈尔滨龙翔有限责任公司 231155777888999		
收货人及纳税人识别号	哈尔滨龙翔有限责任公司 231155777888999	发货人及纳税人识别号	鸿发有限公司 232300005716389
起运地、经由、到达地	哈尔滨市区		

费用项目及金额	费用项目	金额	费用项目	金额	运输货物信息
	运费	3500.00			

合计金额	￥3500.00	税率	9%	税额	￥315.00	机器编号	7912018462

价税合计(大写)	※叁仟捌佰壹拾伍元整	￥3815.00

车种车号		车船吨位	8	备注	230140375167329 发票专用章
主管税务机关及代码	哈尔滨市开发区国家税务局 225011300				

收款人：方苗　　　复核人：李凯　　　开票人：张亮　　　承运人：（章）

第二联　发票联　受票方记账凭证

附件9.3.4

附件9.3.5

中国工商银行

转账支票存根

X Ⅵ 672016

附加信息 _____

_____

_____

出票日期 2019年12月8日
收款人：吉祥运输公司
金　额：4 815.00
用　途：运输费
单位主管　　　　会计

附件 9.3.6

收 料 单

发票号：56879213号　　　　2019年 12 月 8 日　　　　No402

供应单位	鸿发有限公司	材料类别及编号				记账联
材料名称及规格	计量单位	数量		实际成本		
		发票数	实收数	发票价格	运杂费	合计	单价
B材料	吨						
备　注							

核算　　　　　　保管　　　　　　检验　　　　　　交库

附件 9.4.1

税收通用缴款书

№ 0542857

隶属关系：

注册类型：　　　　填发日期：2019年12月10日　　　征收机关：道外税务局

缴款单位（人）	代　码	231155-777888999	预算科目	编码	101090300	第一联（收据）国库收款盖章后退缴款单位作完税
	全　称	哈尔滨龙翔有限公司		名称	增值税	
	开户银行	工行道口支行		级次	市级100%	
	账　号	3511132496822		收款国库	工行道口支行	
税款所属时期		2019年11月 1-30日	税款限缴时期		2019年12月15日	
品目名称	课税数量	计税金额或销售收入	税率或单位税额	已缴或扣除额	实缴金额	
增值税		769 230.00	13%		100 000.00	
金额合计		（大写）壹拾万元整				
缴款单位（章人）		税务机关（盖章）		备注		
经办		填票人（章）	国库（银行）盖章			

（印章：哈尔滨龙翔有限责任公司财务专用章 王刚之印）

（印章：中国工商银行 道口支行 2019.12.10 业务清讫）

附件9.4.2

税收通用缴款书

№ 0542858

隶属关系：						
注册类型：		填发日期：2019年12月10日			征收机关：南岗税务局	
缴款单位（人）	代　码	231155-777888999	预算科目	编码	101090300	
	全　称	哈尔滨龙翔有限公司		名称	城市维护建设税	
	开户银行	工行道口支行		级次	市级100%	
	账　号	3511132496822		收款国库	工行道口支行	
税款所属时期		2019年11月 1-30日	税款限缴时期		2019年12月15日	
品目名称	课税数量	计税金额或销售收入	税率或单位税额	已缴或扣除额	实缴金额	
市区（增值税附征）		100 000.00	7%		7 000.00	
金额合计						
缴款单位（人）（盖章）		征收机关（盖章）		中国工商银行道口支行 2019.12.10 业务清讫		备注
经办人（章）		填票人（章）		国库（银行）盖章		

附件9.4.3

税收通用缴款书

№ 0542859

隶属关系：						
注册类型：		填发日期：2019年12月10日			征收机关：道外税务局	
缴款单位（人）	代　码	231155-777888999	预算科目	编码	101090300	
	全　称	哈尔滨龙翔有限公司		名称	教育费附加	
	开户银行	工行道口支行		级次	市级100%	
	账　号	3511132496822		收款国库	工行道口支行	
税款所属时期		2019年11月 1-30日	税款限缴时期		2019年12月15日	
品目名称	课税数量	计税金额或销售收入	税率或单位税额	已缴或扣除额	实缴金额	
市区（增值税附征）		100 000.00	3%		3 000.00	
金额合计						
缴款单位（人）（盖章）		征收机关（盖章）		中国工商银行道口支行 2019.12.10 业务清讫		备注
经办人（章）		填票人（章）		国库（银行）盖章		

附件 9.5.1

中国工商银行

转账支票存根

Ⅹ Ⅵ 672017

附加信息 _____

_____

出票日期	2019年12月12日
收款人：	丰顺农贸公司
金　额：	30 000.00
用　途：	货款

单位主管　　　　　　会计

附件 9.5.2

黑龙江省农产品收购发票

发票代码075000231952
发票号码00583764

开票日期：2019年12月12日

销货人	丰顺农贸公司		身份证号码				
详细地址	哈尔滨市东风镇12号						
品　名	等级	单位	数量			单价	金额 万千百十元角分
			毛重	折扣	净重		
D材料							3 0 0 0 0 0 0
合计人民币（大写）　叁万元整			零百	零十	零元	零角	零分 3 0 0 0 0 0 0
收购单位名称	哈尔滨龙翔有限责任公司		纳税人登记证号			231155777888999	
地址电话	哈尔滨市道界区95号81563579		开户银行及账号			工行道口支行3511132496822	

收购单位（盖章有效）　　　　开票人：　　　　销货人签字：

附件 9.5.3

收 料 单

发票号：　　　　　　　　2019年 12 月 12 日　　　　　　　　No403

供应单位		丰顺农贸公司		材料类别及编号				记账联
材料名称及规格	计量单位	数量		实际成本				
		发票数	实收数	发票价格	运杂费	合计	单价	
D材料	千克							
备 注								

核算　　　　　　　保管　　　　　　　检验　　　　　　　交库

附件 9.6.1

中国工商银行

转账支票存根

Ⅹ Ⅵ 672018

附加信息
_____

_____

出票日期 2019年12月13日	
收款人：齐重有限公司	
金　额：292 500.00	
用　途：机床款	

单位主管　　　　　会计

附件9.6.2

附件9.6.3

固定资产验收单

取得日期：2019年12月13日　　交付使用日期：2019年12月13日　　编号：202

固定资产名称	型号	来源	使用年月	原值				
				买价	运杂费	工程费	其他	合计
车床		外购	2019-12-13	250 000.00				250 000.00
预计残值	预计清理费用	预计使用年限	年折旧额	年折旧率	月折旧率		附属设备	
3 000.00	1 000.00	10年	24 800.00	9.92%	0.83%			
总经理	主管部门		使用部门		财会部门			
	经理	经办人	经理	使用人	经理	会计		

附件9.7.1

附件9.7.2

销售产品出库单

购货单位：北辰公司　　　　2019-12-17　　　　　　　　　　编　号：502

产品编号	产品名称	型号规格	单位	数量	单位成本	总成本	备注
	乙产品		件	300	1 500.00	450 000.00	
备注			结算方式		运输方式	自提	

部长：孙宇　　　　　　　　发货：李靖　　　　　　　　制单：张琦

附件9.8.1

说　明

本公司于2019年11月29日由德朋有限公司购入的B材料2吨，由于质量问题将其退回，该批材料款项尚未支付。

会计主管：　　　　　　　　　　　　　　　　　　　　　会计：

2019年12月20日

附件 9.8.2

开具红字增值税专用发票申请单

填开日期： 2019 年 12 月 20 日　　　　　　　　　　　NO.

销售方	名　称	德朋有限公司	购买方	名　称	哈尔滨龙翔有限责任公司
	税务登记代码	232300544666538		税务登记代码	231155777888999

开具红字专用发票内容	货物（劳务）名称	数量	单价	金额	税率	税额
	B 材料	2 吨	3 000.00	6 000.00	13%	780.00
	合计	——	——	6 000.00		780.00

说明

一、购买方申请 √

　　对应蓝字专用发票抵扣增值税销项税额情况：

　　1.已抵扣√

　　2.未抵扣□

　　　（1）无法认证□

　　　（2）纳税人识别号认证不符□

　　　（3）增值税专用发票代码、号码认证不符□

　　　（4）所购货物不属于增值税扣税项目范围□

　　对应蓝字专用发票密码区内打印的代码：_____

　　　　　　　　　　　　　　　　　　号码：_____

二、销售方申请　□

　　　（1）因开票有误购买方拒收的□

　　　（2）因开票有误等原因尚未交付的□

　　对应蓝字专用发票密码√区内打印的代码：_____

　　　　　　　　　　　　　　　　　　号码：_____

开具红字专用发票理由：购货方退货

申明：我单位提供的《申请单》内容真实，否则将承担相关法律责任。

申请方经办人：　　　　联系电话：　　　　申请方名称（财务印章）：[哈尔滨龙翔有限责任公司财务专用章]

注：本申请单一式两联：第一联，申请方留存；第二联，申请方所属主管税务机关留存。

附件9.8.3

黑龙江省增值税专用发票

21356682　　　　　　　　　　　　　　　　　　　　　№ 26927813

开票日期：2019年1月9日

购货单位	名　称：	哈尔滨龙翔有限责任公司	密码区			
	纳税人识别号：	231155777888999				
	地址、电话：	哈尔滨市道外区95号				
	开户行及账号：	工行道口支行3511132496822				

货物或应税劳务名称	规格型号	单位	数量	单价	金额	税率	税额
B材料		吨	2	3 000.00	-6 000.00	13%	-780.00
合　计					-6 000.00		-780.00

价税合计(大写)	※陆仟柒佰捌拾元整	小写	¥-6 780.00

销货单位	名　称：	德朋有限公司	备注	
	纳税人识别号：	232300544666538		德朋有限公司
	地址、电话：	哈尔滨市德朋路81号		232300544666538
	开户行及账号：	中行德朋支行51798264		发票专用章

收款人：　　　复核：　　　开票人：　　　销货单位：（章）

附件9.8.4

收　料　单

发票号：26927813　　　　　2019年 12 月 20 日　　　　　No405

供应单位	德朋有限公司	材料类别及编号				
材料名称及规格	计量单位	数量		实际成本		
		发票数	实收数	发票价格	运杂费	合计	单价
B材料	吨	2		-6 000.00			3 000
备　注	质量不合格退回						

核算　　　　保管　　　　检验　　　　交库

附件 9.9.1

捐 赠 协 议 书

甲方： <u>龙腾有限公司</u>

乙方：哈尔滨龙翔有限责任公司

为加强联营单位协作，更好地实现双方共赢，甲方自愿向乙方捐赠 C 材料一批。双方一致达成如下协议：

第一条　甲方自愿捐赠下列价值　<u>壹拾贰万元</u>　（人民币）（大写）的 C 材料给乙方。

第二条　赠与财产用途：（略）

第三条　赠与财产的交付时间、地点及方式：

1. 甲方在约定期限内将捐赠物品及其所有权凭证交付乙方，并配合乙方依法办理相关法律手续。

2. 乙方收到甲方赠与物品后，出具合法、有效的财务接受凭证，并登记造册，妥善管理和使用。

第四条　甲方有权向乙方查询捐赠物品的使用、管理情况，并提出意见和建议。对于甲方的查询，乙方应当如实答复。

第五条　乙方有权按照本协议约定的用途合理使用捐赠物品，但不得擅自改变捐赠物品的用途。如果确需改变用途的，应当征得甲方的同意。

第六条　其他约定事项：_____

第七条　本协议一式四份，甲乙双方各执两份。

甲方：龙腾有限公司

（盖章）

代表人：周宇

乙方：哈尔滨龙翔有限责任公司

（盖章）

代表人：王刚

签订时间：2019 年 12 月 23 日

附件 9.9.2

附件 9.9.3

收 料 单

发票号：26279834　　　　2019年 12 月 23 日　　　　No406

材料名称及规格	计量单位	数量		实际成本				记账联
		发票数	实收数	发票价格	运杂费	合计	单价	
C材料	千克	300	300	120 000			400	
备 注								

供应单位：龙腾有限公司　　材料类别及编号：

核算　　　　保管　　　　检验　　　　交库

附件9.10.1

关于行政办公楼改建工程领用外购材料的批示

因行政办公楼改建需要,现领用本月2日外购的A材料300千克,见2019年12月2日凭证#1。

财务部长:陈雪

2019年12月25日

附件9.10.2

领 料 单

领料部门:基建处　　　开票日期　2019年12月2日　　　字第110001号

材料编号	材料名称	规格	单位	请领数量	实发数量	计划价格	
						单价	金额
13002	A材料		千克		300	40.00	12 000.00
合计	(大写) 壹万贰仟元整						(小写) ￥12 000.00
用途	改建办公楼	领料部门			发料部门		
		负责人	领料人		核准人	发料人	
			徐熙洪			张晨星	

附件 9.11.1

说　明

本公司于 2019 年 12 月 17 日销售给北辰公司的乙产品 10 件，由于质量问题被退回，现开具红字增值税专用发票，该批货款尚未收回。

会计主管：　　　　　　　　　　　　　　　会计：

2019 年 12 月 26 日

附件 9.11.2

开具红字增值税专用发票通知单

填开日期：2019年12月03日　　　　No15000786912125

销售方	名　称	哈尔滨龙翔有限责任公司	购买方	名称	北辰公司		
	税务登记代码	231155777888999		税务登记代码	231501386570923		
开具红字专用发票内容	货物（劳务）名称	数量	单价	金额	税率	税额	
	乙产品	10	3 500.00	-35 000.00	13%	-4 550.00	
	合　计			-35 000.00		-4 550.00	
说明	一、购买方申请☐ 　　对应蓝字专用发票抵扣增值税销项税额情况： 　　1.需要作进项税额转出☑ 　　2.不需要作进项税额转出☐ 　　　（1）无法认证☐ 　　　（2）纳税人识别号认证不符☐ 　　　（3）增值税专用发票代码、号码认证不符☐ 　　　（4）所购货物不属于增值税扣税项目范围☐ 　　对应蓝字专用发票密码区内打印的代码：_____ 　　　　　　　　　　　　　　　　　　号码：_____ 二、销售方申请☐ 　　　（1）因开票有误购买方拒收的☐ 　　　（2）因开票有误等原因尚未交付的☐ 　　对应蓝字专用发票密码区内打印的代码：_____ 　　　　　　　　　　　　　　　　　　号码：_____ 开具红字专用发票理由：因质量问题退回						

经办人：　　　　　负责人：　　　　　主管税务机关名称（章）

注：（1）本通知单一式三联：第一联，申请方主管税务机关留存；第二联，申请方送交对方留存；第三联，申请方留存。
　　（2）通知单应与申请单一一对应。

附件9.11.3

黑龙江省增值税专用发票

23057166　　　　　　　　　　　　　　　　　　№ 7593864

开票日期：2019年12月26日

购货单位	名　　称：北辰公司 纳税人识别号：231501386570923 地址、电话：哈尔滨市北辰路90号 开户行及账号：农行北辰支行6287459	密码区	

货物或应税劳务名称	规格型号	单位	数量	单价	金额	税率	税额
乙产品		件	10	3 500.00	-35 000.00	13%	-4 550.00
合　计					-35 000.00		-4 550.00

价税合计(大写)	※叁万玖仟伍佰伍拾元整	小写	￥-39 550.00

销货单位	名　　称：哈尔滨龙翔有限责任公司 纳税人识别号：231155777888999 地址、电话：哈尔滨市道外区95号 开户行及账号：工行道口支行3511132496822	备注	

收款人：　　　复核：　　　开票人：　　　　销货单位：（章）

第四联 记账联

附件9.11.4

销售产品出库单

购货单位：北辰公司　　　2019-12-26　　　编　号：503

产品编号	产品名称	型号规格	单位	数量	单位成本	总成本	备注
	乙产品		件	10	1 500.00	-15 000.00	
备　注	因质量问题退回		结算方式		运输方式		

部长：孙宇　　　　发货：李靖　　　　制单：张琦

第三联 财务记录

附件 9.12.1

材料盘点报告单

2019/12/31   No 010

类别	财产名称	数量单位	单价	账面数量	实物数量	盘盈 数量	盘盈 金额	盘亏 数量	盘亏 金额	原因
	A材料	千克	40.00	800	780			20	800.00	霉烂变质
合计									800.00	

会计主管：　　　　　　库管员：　　　　　　　　盘点人：

附件 9.12.2

财产清查结果处理决定

在年末财产清查中，A材料盘亏20千克，属于管理不善，霉烂变质造成，计入管理费用。

财务部长：陈雪

2019 年 12 月 31 日

附件 9.13.1

增值税计算表

2019 年 12 月 31 日

本月销项税额	本月进项税额	本月进项税额转出	本月应交税金

会计主管：　　　　　　　　　　　　　　　　制单：

附件 9.14.1

城市维护建设税和教育费附加计算表

2019 年 12 月 31 日

应税项目	计税基数	税（费）率	应纳税（费）额
城市维护建设税			
教育费附加			
合　计			

会计主管：　　　　　　　　　　　　　　　　　　　　　制单：

附件 9.15.1

车船税计算表

2019 年 12 月 31 日

车船类别	计税单位	数量	年税额	应纳税额
合　计				

会计主管：　　　　　　　　　　　　　　　　　　　　　制单：

附件 9.16.1

房产税计算表

2019 年 12 月 31 日

房产原值	扣除比例	余值	税率	年应纳税额

会计主管：　　　　　　　　　　　　　　　　　　　　　制单：

附件 9.17.1

增值税纳税申报表

根据《中华人民共和国增值税暂行条例》第二十二条和第二十三条的规定制定本表。纳税人不论有无销售额，均应按主管税务机关核定的纳税期限按期填报本表，并于次月一日起十日内，向当地税务机关申报。

税款所属时间：自　　年　　月　　日至　　年　　月　　日

填表日期：　　年　　月　　日　　　　　　　　　　　金额单位：元（列至角分）

纳税人识别号				所属行业		
纳税人名称（公章）		法定代表人姓名		注册地址		营业地址
开户银行及账号		企业登记注册类型		电话号码		

	项目	栏次	一般货物及劳务		即征即退货物及劳务	
			本月数	本年累计	本月数	本年累计
销售额	（一）按适用税率征税货物及劳务销售额	1				
	其中：应税货物销售额	2				
	应税劳务销售额	3				
	纳税检查调整的销售额	4				
	（二）按简易征收办法征税货物销售额	5				
	其中：纳税检查调整的销售额	6				
	（三）免、抵、退办法出口货物销售额	7			——	——
	（四）免税货物及劳务销售额	8				
	其中：免税货物销售额	9				
	免税劳务销售额	10				
税款计算	销项税额	11				
	进项税额	12				
	上期留抵税额	13		——		
	进项税额转出	14				
	免抵退货物应退税额	15				
	按适用税率计算的纳税检查应补缴税额	16				
	应抵扣税额合计	17=12+13-14-15+16				
	实际抵扣税额	18（如17<11，则为17，否则为11）				
	应纳税额	19=11-18				
	期末留抵税额	20=17-18				
	简易征收办法计算的应纳税额	21				
	按简易征收办法计算的纳税检查应补缴税额	22				
	应纳税额减征额	23				
	应纳税额合计	24=19+21-23				
税款缴纳	期初未缴税额（多缴为负数）	25				
	实收出口开具专用缴款书退税额	26		——		——
	本期已缴税额	27=28+29+30+31				
	①分次预缴税额	28		——		——
	②出口开具专用缴款书预缴税额	29				
	③本期缴纳上期应纳税额	30				
	④本期缴纳欠缴税额	31				
	期末未缴税额（多缴为负数）	32=24+25+26-27				
	其中：欠缴税额（≥0）	33=25+26-27				
	本期应补(退)税额	34=24-28-29				
	即征即退实际退税额	35				
	期初未缴查补税额	36				
	本期入库查补税额	37			——	——
	期末未缴查补税额	38=16+22+36-37			——	——

授权声明	如果你已委托代理人申报，请填写下列资料： 为代理一切税务事宜，现授权（地址）　　　　　　为本纳税人的代理申报人，任何与本申报表有关的往来文件，都可寄予此人。 授权人签字：	申报人声明	此纳税申报表是根据《中华人民共和国增值税暂行条例》的规定填报的，我相信它是真实的、可靠的、完整的。 声明人签字：

以下由税务机关填写：

收到日期：　　　　　　接收人：　　　　　　主管税务机关盖章：

附件 9.17.2

企业所得税年度纳税申报表

税款所属期间：   年   月   日至   年   月   日

纳税人名称：

纳税人识别号：□□□□□□□□□□□□□□□   金额单位：元（列至角分）

类别	行次	项目	金额
利润总额计算	1	一、营业收入（填附表一）	
	2	减：营业成本（填附表二）	
	3	营业税金及附加	
	4	销售费用（填附表二）	
	5	管理费用（填附表二）	
	6	财务费用（填附表二）	
	7	资产减值损失	
	8	加：公允价值变动收益	
	9	投资收益	
	10	二、营业利润	
	11	加：营业外收入（填附表一）	
	12	减：营业外支出（填附表二）	
	13	三、利润总额（10+11－12）	
应纳税所得额计算	14	加：纳税调整增加额（填附表三）	
	15	减：纳税调整减少额（填附表三）	
	16	其中：不征税收入	
	17	免税收入	
	18	减计收入	
	19	减、免税项目所得	
	20	加计扣除	
	21	抵扣应纳税所得额	
	22	加：境外应税所得弥补境内亏损	
	23	纳税调整后所得（13+14－15+22）	
	24	减：弥补以前年度亏损（填附表四）	
	25	应纳税所得额（23－24）	
应纳税额计算	26	税率（25%）	
	27	应纳所得税额（25×26）	
	28	减：减免所得税额（填附表五）	
	29	减：抵免所得税额（填附表五）	
	30	应纳税额（27－28－29）	
	31	加：境外所得应纳所得税额（填附表六）	
	32	减：境外所得抵免所得税额（填附表六）	
	33	实际应纳所得税额（30+31－32）	
	34	减：本年累计实际已预缴的所得税额	
	35	其中：汇总纳税的总机构分摊预缴的税额	
	36	汇总纳税的总机构财政调库预缴的税额	
	37	汇总纳税的总机构所属分支机构分摊的预缴税额	
	38	合并纳税（母子体制）成员企业就地预缴比例	
	39	合并纳税企业就地预缴的所得税额	
	40	本年应补（退）的所得税额（33－34）	
附列资料	41	以前年度多缴的所得税额在本年抵减额	
	42	以前年度应缴未缴在本年入库所得税额	

纳税人公章：	代理申报中介机构公章：	主管税务机关受理专用章：
经办人：	经办人及执业证件号码：	受理人：
申报日期： 年 月 日	代理申报日期： 年 月 日	受理日期： 年 月 日

附件 9.17.3

城市维护建设税纳税申报表

纳税人识别号：　　　　　填表日期：　年　月　日　　　金额单位：元（列至角分）

纳税人名称			税款所属时期		
计税依据	计税金额	税率	应纳税额	已纳税额	应补（退）税额
1	2	3	4=2×3	5	6=4-5
增值税					
消费税					
营业税					
合计					
如纳税人填报，由纳税人填写以下各栏			如委托代理人填报，由代理人填写以下各栏		
会计主管 （签章）	纳税人 （公章）		代理人名称		代理人 （公章）
			代理人地址		
			经办人		电话
以下由税务机关填写					

收到申报表日期：　　　　　　　　　接收人：

附件 9.17.4

房产税纳税申报表

填表日期： 年 月 日　　　　　金额单位：元(列至角分)

纳税人识别号																	
纳税人名称																	
房产座落地点					税款所属时期												
					建筑面积（m²）	以房产余值计征房产税			以租金收入计征房产税			房屋结构		本期			备注
	本期实际房产原值	其中				房产余值	适用税率1.2%	应纳税额	租金收入	适用税率12%	应纳税额	全年应纳税额	缴纳次数	应纳税额	已纳税额	应补（退）税额	
		从价计税的房产原值	从租计税的房产原值	税法规定的免税房产原值	扣除率%												
上期申报房产原值																	
本期增减房产原值																	
1	2	3=1+2	4=3-5-6	5=3-4-6	6	7	8=4-4×7	9	10=8×9	11	12	13=11×12	14=10+13	15	16=14÷15	17	18=16-17
合计																	

如纳税人填报,由纳税人填写以下各栏

会计主管（签章）

如委托代理人填报,由代理人填写以下各栏

代理人名称
代理人地址
经办人姓名

代理人（公章）

电话

以下由税务机关填写

收到申报表日期　　　　　接收人

本表为16开横式

说明:1. 本表适用于中国境内房产税纳税人填报。
2. 房产原值是指纳税人按照会计制度规定, 在账簿"固定资产"科目中记载的房屋原价。
3. 计税房产余值=房产原值×(1-税法规定的扣除率)。
4. 本表一式三联, 第一联纳税人保存; 第二联由主管税务机关留存; 第三联税务机关做税收会计原始凭证。

附件 9.17.5

车船税纳税申报表

填表日期： 年 月 日

税款所属时期： 年 月 日至 年 月 日　　　　金额单位：元（列至角分）

纳税人名称						企业编码			
地　　址						邮政编码			
办税员姓名			电话			税务登记证号			
车船类别	计税标准	数量	单位税额	全年应缴税额	缴纳次数	本期			
						应纳税额	已纳税额	应补（退）税额	
1	2	4	5	6=4×5	7	8=6÷7	9	10	
合　　计									
如纳税人填报，由纳税人填写：					如委托代理人填报，由代理人填写以下各栏				
会计主管（签章）					代理人名称		代理人（公章）		
					代理人地址				
					经办人姓名		电话		
以下由税务机关填写									
收到申报表日期					接收人				

填表说明：

1. 本表适用于中国境内各类车船使用税纳税人填报。
2. 企业编码是纳税人在办理税务登记证时由主管税务机关确定的税务编码。
3. 车船类别依照车船使用税税额表列举的不同车船种类分别填列。车辆部分应详细填列至项目。
4. 计税标准：船舶和载货汽车依照不同吨位的车船分别填列。其他车辆依照车船使用税税额表规定的不同标准分别填列。
5. 年应纳税额=计税吨位×数量×单位税额或年应纳税额=计税车辆数×单位税额。
6. 本表1式3联，第1联存根联，经税务机关审核后返回纳税人留存，作为已申报凭据；第2联申报联，征收机关作为户管资料留存；第3联记账联，征收机关计财部门留存，作为税收会计应征原始凭证。

注：本表为 A4 竖式。

第十章 总账报表会计岗位实训

10.1 总账报表会计岗位职责

（1）根据科目汇总表或汇总记账凭证登记总账。
（2）负责组织对账、结账工作。
（3）正确、及时地编制会计报表，并撰写财务分析报告。

10.2 总账报表会计岗位业务流程

总账报表会计岗位业务流程如图10.1所示。

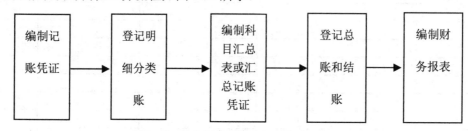

图 10.1 总账报表会计岗位业务流程图

10.3 总账报表会计岗位实训目的与要求

一、实训目的

通过本岗位实训，使学生了解总账报表会计岗位的基本职责和业务流程，掌握总账设置与登记的基本方法，掌握会计报表编制程序和方法，熟悉报表之间的钩稽关系。

二、实训要求

1. 根据资料编制资产负债表（表10.6）。
2. 根据资料编制利润表（表10.7）。

10.4 总账报表会计岗位实训内容

中腾股份有限公司为一般纳税人，通常适用增值税税率为13%，所得税税率为25%；原材料采用计划成本进行核算。

该公司 2018 年 12 月 31 日的资产负债表如表 10.1 所示。其中,"应收账款"科目的期末余额为 4 000 000 元,"坏账准备"科目的期末余额为 200 000 元。其他诸如存货、长期股权投资、固定资产、无形资产等资产都没有计提资产减值准备。2019 年 12 月 31 日总账科目余额表、往来款项明细科目余额表、长期借款情况一览表、损益类科目发生额汇总表如表 10.2、表 10.3、表 10.4、表 10.5 所示。

表 10.1 资产负债表

编制单位:中腾股份有限公司　　2018 年 12 月 31 日　　　　　　　　　会企 01 表　单位:元

资产	期末余额	上年年末余额	负债和所有者权益（或股东权益）	期末余额	上年年末余额
流动资产:			流动负债:		
货币资金	14 254 000		短期借款	2 000 000	
交易性金融资产	150 000		交易性金融负债		
衍生金融资产			衍生金融负债		
应收票据	2 460 000		应付票据	1 000 000	
应收账款	3 800 000		应付账款	9 548 000	
应收款项融资			预收款项		
预付款项	1 000 000		合同负债		
其他应收款	3 050 000		应付职工薪酬	1 100 000	
存货	25 800 000		应交税费	3 66 000	
合同资产			其他应付款	5 00 000	
持有待售资产			持有待售负债		
一年内到期的非流动资产			一年内到期的非流动负债		
其他流动资产			其他流动负债		
流动资产合计	50 514 000		流动负债合计	14 514 000	
非流动资产:			非流动负债:		
债权投资			长期借款	16 000 000	
其他债权投资			应付债券		
长期应收款			其中:优先股		
长期股权投资	2 500 000		永续债		
其他权益工具投资			租赁负债		
其他非流动金融资产			长期应付款		
投资性房地产			预计负债		
固定资产	8 000 000		递延收益		
在建工程	15 000 000		递延所得税负债		
生产性生物资产			其他非流动负债		
油气资产			非流动负债合计	16 000 000	
使用权资产			负债合计	30 514 000	
无形资产	6 000 000		所有者权益（或股东权益）:		
开发支出			实收资本（或股本）	40 000 000	
商誉			其他权益工具		
长期待摊费用			其中:优先股		
递延所得税资产	50 000		永续债		
其他非流动资产			资本公积	8 000 000	
非流动资产合计	31 550 000		减:库存股		
			其他综合收益		
			专项储备		
			盈余公积	1 000 000	
			未分配利润	2 550 000	
			所有者权益（或股东权益）合计	51 550 000	
资产总计	82 064 000		负债和所有者权益（或股东权益）总计	82 064 000	

表 10.2 总账科目余额表

编制单位：中腾股份有限公司　　　2019 年 12 月 31 日　　　　　　　　　　单位：元

会计科目	借方余额	贷方余额
库存现金	1 500	
银行存款	16 775 450	
其他货币资金	62 500	
交易性金融资产	150 000	
应收票据	2 460 000	
应收账款	3 090 000	
坏账准备		154 500
预付账款		200 000
其他应收款	3 050 000	
材料采购	1 500 000	
原材料	7 200 000	
周转材料	8 478 000	
库存商品	9 510 000	
生产成本	962 000	
材料成本差异		100 000
存货跌价准备		750 000
长期股权投资	2 500 000	
固定资产	12 000 000	
累计折旧		2 000 000
在建工程	15 000 000	
无形资产	6 000 000	
递延所得税资产	226 125	
资产类合计	88 965 575	3 204 500
短期借款		4 000 000
应付票据		1 750 000
应付账款		8 348 000
预收账款	900 000	
应付职工薪酬		1 350 000
应交税费		416 000
其他应付款		450 000
长期借款		16 000 000
负债类合计	900 000	32 314 000
实收资本（或股本）		40 000 000
资本公积		8 000 000
盈余公积		1 279 707.50
利润分配		5 067 367.50
所有者权益（或股东权益）合计		54 347 075

表 10.3 部分往来款项明细科目余额表

编制单位：中腾股份有限公司　　　　2019 年 12 月 31 日　　　　　　　　单位：元

科目名称	明细科目借方余额合计	明细科目贷方余额合计
应收账款	3 090 000	
预付账款	800 000	1 000 000
应付账款	200 000	8 548 000
预收账款	900 000	

表 10.4 长期借款情况一览表

编制单位：中腾股份有限公司　　　　2019 年 12 月 31 日　　　　　　　　单位：元

借款起始日期	借款期限（年）	金额（元）
2016 年 5 月 1 日	4	1 000 000
2016 年 10 月 1 日	6	5 000 000
2017 年 7 月 1 日	5	10 000 000

表 10.5 损益类科目发生额汇总表

编制单位：中腾股份有限公司　　　　2019 年度　　　　　　　　　　　　单位：元

科目名称	借方发生额	贷方发生额
主营业务收入		12 100 000
其他业务收入		400 000
主营业务成本	7 200 000	
其他业务成本	300 000	
税金及附加	20 000	
销售费用	200 000	
管理费用	971 000	
财务费用	300 000	
资产减值损失	309 000	
投资收益		15 000
营业外收入		500 000
营业外支出	220 400	
所得税费用	697 525	

表 10.6 资产负债表

表编制单位：中腾股份有限公司　　2019 年 12 月 31 日

会企 01 表　单位：元

资　　产	期末余额	上年年末余额	负债和所有者权益（或股东权益）	期末余额	上年年末余额
流动资产：			流动负债：		
货币资金			短期借款		
交易性金融资产			交易性金融负债		
衍生金融资产			衍生金融负债		
应收票据			应付票据		
应收账款			应付账款		
应收款项融资			预收款项		
预付款项			合同负债		
其他应收款			应付职工薪酬		
存货			应交税费		
合同资产			其他应付款		
持有待售资产			持有待售负债		
一年内到期的非流动资产			一年内到期的非流动负债		
其他流动资产			其他流动负债		
流动资产合计			流动负债合计		
非流动资产：			非流动负债：		
债权投资			长期借款		
其他债权投资			应付债券		
长期应收款			其中：优先股		
长期股权投资			永续债		
其他权益工具投资			租赁负债		
其他非流动金融资产			长期应付款		
投资性房地产			预计负债		
固定资产			递延收益		
在建工程			递延所得税负债		
生产性生物资产			其他非流动负债		
油气资产			非流动负债合计		
使用权资产			负债合计		
无形资产			所有者权益（或股东权益）：		
开发支出			实收资本（或股本）		
商誉			其他权益工具		
长期待摊费用			其中：优先股		
递延所得税资产			永续债		
其他非流动资产			资本公积		
非流动资产合计			减：库存股		
			其他综合收益		
			专项储备		
			盈余公积		
			未分配利润		
			所有者权益（或股东权益）合计		
资产总计			负债和所有者权益（或股东权益）总计		

表 10.7 利润表

编制单位：中腾股份有限公司　　2019 年度

会企 02 表　　单位：元

项　目	本期金额	上期金额
一、营业收入		
减：营业成本		
税金及附加		
销售费用		
管理费用		
研发费用		
财务费用		
其中：利息费用		
利息收入		
加：其他收益		
投资收益（损失以"-"号填列）		
其中：对联营企业和合营企业的投资收益		
以摊余成本计量的金融资产终止确认收益（损失以"-"号填列）		
净敞口套期收益（损失以"-"号填列）		
公允价值变动收益（损失以"-"号填列）		
信用减值损失（损失以"-"号填列）		
资产减值损失（损失以"-"号填列）		
资产处置收益（损失以"-"号填列）		
二、营业利润（亏损以"-"号填列）		
加：营业外收入		
减：营业外支出		
三、利润总额（亏损总额以"-"号填列）		
减：所得税费用		
四、净利润（净亏损以"-"号填列）		
（一）持续经营净利润（净亏损以"-"号填列）		
（二）终止经营净利润（净亏损以"-"号填列）		
五、其他综合收益的税后净额		
（一）不能重分类进损益的其他综合收益		
1.重新计量设定收益计划变动额		
2.权益法下不能转损益的其他综合收益		
3.其他权益工具投资公允价值变动		
4.企业自身信用风险公允价值变动		
……		
（二）将重分类进损益的其他综合收益		
1.权益法下可转损益的其他综合收益		
2.其他债权投资公允价值变动		
3.金融资产重分类计入其他综合收益的金额		
4.其他债权投资信用减值准备		
5.现金流量套期储备		
6.外币财务报表折算差额		
……		
六、综合收益总额		
七、每股收益：		
（一）基本每股收益		
（二）稀释每股收益		

参考文献

[1] 袁放建，肖慧霞. 会计实务综合模拟教程［M］. 上海：立信会计出版社，2011.

[2] 陈国平，张燕，费金华，等. 会计综合模拟实验［M］. 上海：立信会计出版社，2011.

[3] 罗韵轩. 会计综合模拟实验［M］. 北京：经济科学出版社，2010.

[4] 张永欣. 会计岗位综合实训［M］. 北京：清华大学出版社，2010.

[5] 隋静. 会计实务模拟教程［M］. 北京：清华大学出版社，2010.

[6] 蔡秀勇，明华. 财务会计分岗实训［M］. 武汉：华中科技大学出版社，2007.

[7] 董莉平，刘颖. 财务会计实训教程［M］. 哈尔滨：哈尔滨工业大学出版社，2010.

[8] 孟彩红，张红霞. 会计分岗实训教程［M］. 上海：立信会计出版社，2009.

[9] 张建清，王智慧. 基础会计实训［M］. 上海：立信会计出版社，2011

[10] 王沈亚香，顾玉芳. 成本会计实训［M］. 上海：立信会计出版社，2010.

[11] 戴德明，等. 财务会计学［M］. 北京：中国人民大学出版社，2009.

[12] 关玉荣. 财务会计实训教程［M］. 上海：上海财经大学出版社，2009.

[13] 史新浩，吴向阳. 企业会计岗位实训［M］. 北京：清华大学出版社，2012.

[14] 财政部，税务总局，海关总署. 关于深化增值税改革有关政策的公告（2019 年第 39 号）.

[15] 财政部. 关于修订印发 2019 年度一般企业财务报表格式的通知（财会[2019]6 号）.